心一堂當代術數文庫　堪輿類

玄空風水心得（二）

附　流年飛星佈局（二零一九最新增訂版）

李泗達　著

新增彩圖及近百頁內容

二零一九及二零二零年風水佈局

書名：玄空風水心得（二）附流年飛星佈局（二零一九最新增訂版）
系列：心一堂當代術數文庫・堪輿類
作者：李泗達
主編、責任編輯：陳劍聰、潘國森

出版：心一堂有限公司
通訊地址：香港九龍旺角彌敦道610號荷李活商業中心十八樓05-06室
深港讀者服務中心：中國深圳市羅湖區立新路六號羅湖商業大厦負一層008室
電話號碼：(852) 67150840
網址：publish.sunyata.cc
電郵：sunyatabook@gmail.com
網店：http://book.sunyata.cc
淘宝店地址：https://sunyata.taobao.com
微店地址：https://weidian.com/s/1212826297
臉書：https://www.facebook.com/sunyatabook
讀者論壇：http://bbs.sunyata.cc

版次：2014年5月　初版
2015年4月　增訂版
2019年8月　2019最新增訂版

平裝

定價：港幣　一百四十八元正
新台幣　五百九十八元正

國際書號　978-988-8582-75-4

香港發行：香港聯合書刊物流有限公司
香港新界大埔汀麗路36號中華商務印刷大廈3樓
電話號碼：(852)2150-2100　傳真號碼：(852)2407-3062
電郵：info@suplogistics.com.hk

台灣發行：秀威資訊科技股份有限公司
地址：台灣台北市內湖區瑞光路七十六巷六十五號一樓
電話號碼：+886-2-2796-3638　傳真號碼：+886-2-2796-1377
網絡書店：www.bodbooks.com.tw
台灣秀威書店讀者服務中心：
地址：台灣台北市中山區松江路二0九號1樓
電話號碼：+886-2-2518-0207
傳真號碼：+886-2-2518-0778
網址：www.govbooks.com.tw

中國大陸發行 零售：深圳心一堂文化傳播有限公司
地址：深圳市羅湖區立新路六號羅湖商業大厦負一層008室
電話號碼：(86)0755-82224934

心一堂微店二維碼

心一堂淘寶店二維碼

二零一四年七月 心一堂《玄空風水心得》初版 香港書展新書發佈會
地點：香港灣仔會議展覽中心
本書作者李泗達先生（右） 本書主編潘國森先生（左）

二零一五年一月 二零一五年流年風水佈局講座暨 術數古籍珍本小展及研討會
中華非物質文化遺產研究會 心一堂 聯合主辦
地點：香港灣仔溫莎公爵社會服務大廈

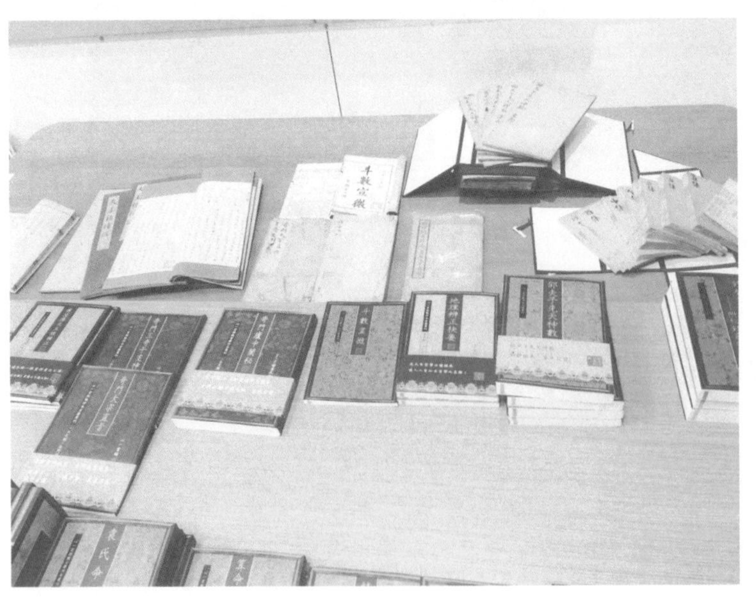

目錄

最新增訂版序

本書《玄空風水心得》於二０一四年初版，一年後再版，增補「流年催旺化煞秘訣」。今年出版第三版，添補二０一九及二０二０（「流年飛星佈局」）。心一堂陳劍聰社長稱，近年圖書出版銷售不景氣情況下，風水學理書籍能於數年內多次再版，實屬奇蹟。本書寫作緣起，乃社會上一宗爭產事件。執筆之初，旨在撥亂反正，把正統玄空飛星學理昭示於世，糾正大眾對風水玄學之繆見，彰顯具真才實學的風水師應有之社會地位。書中探究玄空飛星學理種種奧義，包括較艱深的反伏吟、抽爻換象等理論，俾便研習玄空飛星者掌握玄空學之全貌，探本窮源，觸類旁通。若諸位鑽研玄空飛星有功，定必了然，山向星五黃以金化解、山向兩星雙星斷事等，僅屬玄空學之皮毛而已。

筆者的第二本著作——《玄空風水心得（二）》——沈氏玄空學研究

心得 附 流年飛星佈局》，進一步闡究沈氏玄空學，揭露更多玄空之秘，希望啓廸更多志同道合者登入玄空飛星之堂奥。目前已出版的兩部拙作，皆旨在臂助同道精研玄空飛星學理，故書中所述對初學者而言，略為深奥。有鑑於此，筆者下一部著作——《玄空風水心得（三）玄空基礎探微》，第將以玄空基礎理論為主，為有意學習玄空飛星風水者，提供入門之徑，敬請期待。

後學李泗達

己亥年孟夏

地理必通天人理說（代序）

「道自虛無生一炁，便從一炁產陰陽。陰陽變化成三體，三體和合萬物昌。」

道者，無極也。清清靜靜、杳杳冥冥、虛無混沌，莫以名其狀，莫以名其妙，為天地之始，為宇宙之運，是一切之源泉。

無中生有，有實因無。真一之氣，絪絪縕縕，化生陰陽；陰陽交媾，化生萬有。宇宙萬有，與吾等萬物之靈，莫不離陰陽，莫不出天地，莫不由道而來、無極所生，同源同道。是故道之於天，而有天理；道之於地，而有地理；道之於人，而有人理。天地人三理，實為一理，全為道理。

楊益師尊對天人地三者之關，指出一理而分為三，三者實源自一：地理之說，天人之理，相應其間。人要擇地，天要擇人，天人地一理，天理地理，天心人心。這是說堪輿之學，源自易學，與天理人理相通。福地吉地，上通天心，中應人心，而分上中下三等：上等之地，上應天象，下承地輿，完美無瑕，天工所成，非人力之所能及者，須具天才，聖賢豪杰，忠臣孝子，廣積陰功之士，始能福之（上等地之人理）；至中等之地，八卦所成，景象時遷，四象五行，佳氣一團，藏龍聚脈，吉祥和諧。非忠厚老實，力行善舉，善德兼備之士，方能得之（中等地之人理）；而下等之地，兩案清秀，青龍白虎，山清水明，合宜照人，非善良之輩，善心仁厚之人，始能得之（下等地之人理）。現今時代，中上之地，可遇而不可求，因善德廣種之士，品優行端之人，已渺之又渺。堪輿學者，能於下等之地追求而得之，實已屬難能可貴。

地理即是天理，人心即是天心。福由善中來，欲得吉地，先培心地，宅心仁厚，廣積善德，消弭人劫，福地自臻。而人心善者即具忠孝仁義之心，良心並未受污染之謂。求地如此，求吉宅亦如此，而學習地理之術，究天人之學，更當如此。

李泗達君，事親仁愛，事師極尊，探求學問，孜孜不倦，對學理與實踐之玄迷，從不輕易放過，必追尋底蘊以至清清楚楚為止。李君曾追隨不少名師，故其玄空風水之造詣極高。然其為人謙虛若谷，君子風度，不嫌陸某淺薄，曾向我探討堪輿學術，常出入我之研究會，禮數周備，正是楊益師尊所言之「吉人福人」是也。

李君在風水研究方面非常用心而有突出見解，今彼將多年心得，精研成果，發表成書，實泄盡玄空不傳之秘，為閱者之大幸也。陸某先睹為快，並獲邀寫序，與有榮焉！望各位切勿輕輕看過，珍惜李君之苦心為盼！

道門行者　陸毅

癸巳年秋月吉日

林千博序

佛曰：一花一世界，一葉一如來。

千博曰：泗達的大作，一字一玄機，一句一神奇。

知道泗達會出一本風水書，心中亦替他興奮，因為這些年來，他對風水的研究、追求、學習、實戰，那份熱誠，非一般易友可比。正是戲法人人會變，巧妙各有不同，文章人人會寫，表達方法亦各異其趣，佛祖迦葉尊者一人領悟其中奧妙。

是以故，諸位善男子，善女子，參閱本書當似迦葉羅漢，運起般若，則必然大有所得。

千博謹識

歲次癸巳仲秋

林國誠序

地理之學，人皆知為人子者不可不知也。余習地理之學二十有七載，惜早年不入其門，不得其要領，及後更親歷形理二煞之害。從此立志努力探求青烏之術。在堪輿徑上，不惜光陰資糧，訪尋明師，收集地理諸書，先後拜師有十餘名，習陰陽二宅之理。雨夜觀書，晴晝覆螢，多年未敢間斷。每師皆有不同精闢見解，逐漸了解地學之奧。更十餘年前幸拜沈氏再傳大師傅門下為關門弟子，「大師傅」一生傳奇，鐵證無數，堪稱玄空正宗，多年屢見有習堪輿之士登門求教，惜多望門輕嘆，實則真正入其門下，習玄空之學，就只有尹師兄和余二人。後余亦跟隨六壬神數泰斗容慧生容老師，習其地理見解。方始才能進入玄空之堂奧。玄空之秘欲求如雲中望月，霧裏看花，總不可得。世間能用玄空登堂入室者實有幾人。青烏之術，體無用不行，用無體不彰，其必體用一元，方顯堪輿之用。惜馬容兩老先後騎鶴西去。堪輿之徑，更見形單。幸有摯友李君泗達廿五載一直和余常促膝夜談青烏。李君習乾轉坤移之學有二十五載矣，雖和李君師承有異，實異路同途。余和李君共同研習各門各派要義，探求地理之秘。尤是玄空法理細密，李兄更耗多年歲月研究，其見解精闢獨到，貫通玄空鑰法。今兄著「玄空風水心得」，發前人所未發，著中兼線研究，生入尅入更彰玄空之妙用，實不可多得。習玄空者定能撥雲見月。還望讀後能濟世扶弱，顯我派玄空之志。

新會林國誠書於甲午歲仲春

丘華綺序

玄學普遍給人的印象都是神秘的，尤其玄空風水學，更是上天賜予人間的禮物。東方人早於數千年前已懂使用風水以達國泰民安、催吉避凶。筆者認為有幸修得此法精要的，是很有福德之人。作者李君就是其中一位。

努力不懈、專業沉穩

作者於二十多年前已開始對玄學進行研究，並閱書無數，家中一隅永遠像一座圖書館，堆滿一疊疊玄空星相書籍，往往令訪客嘆為觀止。其努力不懈、尋根究底的精神很受人欽佩。在過往的二十多年中，作者除了要兼顧另一領域的專業的工作外，從未疏於與玄學界前輩或師兄們研討或上課，那種為追求學問孜孜不倦的態度很令人感動！作者至今已為不少朋友或客人解決風水問題。作者勘察風水的風格是比較沉穩和精要的，並不注重外在形式或擺設。有時遇著一些深明此道的客人，他們就會覺得很滿意；相反，若遇上比較外行的客人，他們就會追問一些細節，如地毯的顏色、大小，又或燈泡的數量、形態等等，作者亦會一一配合，耐心回答。

配合時宜、精闢獨到

世上有精人讀書，也有愚者讀書。愚者也，不求甚解，只會背誦而不知其背後所以然。試問一套已留傳數千載的風水法則，焉能為現代人完全配合和套用？古人與現代人在文化意義、住屋建設或科技通訊設備等都有着極大差異。例如古人多崇仰生育能力高的婦女，但現今社會的女強人為保自己的工作能力和自由主義而選擇永久不生育，這怎能同日而語？作者追求學問的態度就是篩除已不合時宜的部分，永遠以實用為先，再配合實際環境加以思考分析，並反複驗證，而成就出其自身一套準繩度高，又值得讀者們參考的風水學說。如文中一章提及「見山不是山，見水不是水」案例，就是說在水族館中，由於到處的「水」已太多，故知「水」已不算是「水」了。作者引述古人此句，就是要讀者反思平日所學所聞，有否明白其真實意義，而套用於現實中！此例可謂精闢獨到！

注重道德、樂於助人

在道德觀方面而言，作者是一個敦厚有禮之人。對長輩及師父輩永遠保持尊敬；對朋友或平輩時常友善和藹；偶爾遇著有態度不善之輩，也會吞聲忍耐，以避口舌之爭；對下屬也時常循循善誘，只實事求是，故深受下屬愛戴；對子女常授予正確思想，如能力所及，應以助人為快樂之本等。作者就有很好的身教例子，例如知道有朋友因受家居風水問題而陷入困境，友人尚未開口，李君已先仗義提出相助。又如友人有財政問題而未能付出分文，作者便着其因應其能力作一善舉，以代費用。「道」者，「天道」也，作者把「道」處於心中，處處以愛為先，就能天、人合一。為衆人謀幸福之餘，也能為自身積德除障。眼見某位曾自稱為風水大師的大人物，因只為自己謀取大量財富，終於落得家破財散，面臨牢獄之刑的境況。即使其人曾修其「法」，卻忽略「道」，反而使其入「魔」，不得善終。故各位在選擇風水顧問時，其道德爲人也是其中一項重要參考指標呢！

談論婚嫁、命盤為憑

與作者李君結緣始於二十多年前，記得在差不多要談婚論嫁之時，李君的求婚方式就是把我們雙方的紫微斗數命盤作出解說，指出我的命宮內的星數完全吻合他的夫妻宮的，相反，我的夫妻宮內的星數也完全吻合他的命宮的，有緣定三生之象。那時其實已芳心暗許，再經他以玄學之數引證，就輕易答應下嫁了。數年後筆者就開始笑罵為何當年他的求婚方式那麼節省，很替自己不值啊！想不今年，他特別為我神秘地舉辦了我們的二十一年結婚週年晚宴，還突然在席中，當着各親朋好友面前向我再度求婚。真的是一剎那，使得我的甜蜜溫馨感覺，從既驚且喜下，再度衝上雲霄。各位，如果時光倒流至二十多年前，你猜我會怎樣選擇？

命中注定、一刃難逃

對於一位學識平庸的在下來說，經常有一位資深的玄學顧問在身邊是很幸福的。但個人卻認為，命運始終掌握於自己手中，樂觀和堅定的信念才是成功的關鍵。故很少主動向身邊這位高人問卜，家局風水亦通常只於一年之始才由李君根據星相改動一次。就在十多年前的一個晚上，本人於航班上服務完畢歸家，開始感覺下腹疼痛，苦撐了一個晚上後，翌天便被診斷為急性盲腸炎，更緊急地施行了手術，幸好一切發生得快速而完美，傷口很快復元，還帶來一個月的休息日呢！事後便請教李君端倪，經過他勘察後，原來主人房窗外不遠處，有個地盤正值動土，位置又正逢三煞，不利女主人，所以免不了這個血光之災！但我回應了一句「馬後炮」呢！其實這一刀也許是自身的命數，一劫難逃也！

尋回婚戒、喜出望外

又有次在飛行當值途中，由於忙得不可開交，無意中發覺左手婚戒不翼而飛。在離開機艙前也無法尋回，已打定輸數，回家後便向夫君哭訴，事後他便把家居風水作了改動。意想不到地竟在一個星期後，當時一同當值的一位同事通知我，期後的航班裏，有別的同事在機艙裏拾到我的婚戒，她又剛巧聽聞此事，就轉折地令我失而復得，好喜出望外呀！

升遷之象、早有玄機

於數年前，本人奮力投考機艙升職試，最終大功告成，如願以償。後來，有次夫君正傳授玄空秘技予當時只有十一歲的女兒，就用我的升職案例為例子，向女兒確鑿引證此升職之數其實已存於家居風水盤中。啊！原來如此，那為何事前不將事實告訴我，那我便可少費心力呀！

其實舉出以上案例，是希望讀者明白，凡事順命而行，隨心而為就可以了。只要憑著「正念」、「正道」，多行善事，不知不覺中會如得神助，為上天所庇佑。作者將自己畢生所見所學的重要精華，逐步的向各位透露分享。這書就是作者第一本呈世的著作，希望可以為閣下催吉避凶，再配合閣下自身努力，實現閣下夢想！

李妻

丘華綺（資深空中服務員）

自序

筆者自一九八九年開始拜師學習風水，至今已有二十多年的經驗。其間由淺入深去鑽研風水學理，經過多番實踐後，再回歸基本學理，鞏固所學，頗有得著。過程有喜有悲，有成功亦有失敗。筆者曾跟隨十多位風水師學習三合、八宅、翻卦、三元宅運、過路陰陽、玄空飛星、易卦、大卦等派別之風水學理。每派都有其理論、特點和徵驗記錄，但實踐各派學理時，在某些情況下，或會發現其不足之處。三元玄空飛星（即沈竹礽之沈氏玄空學、無常派章仲山之飛星學）是各派風水學理中最為完善的，準繩度亦非常高，因此近二十多年成為風水學界之寵兒。回想學習三元玄空飛星學的過程，曾經碰到很多問題，如定坐立向，定起盤元運，定立極點等，不同師父有不同的理論，究竟孰是孰非？學習亦曾遇到樽頸，但衝破後又昇華到另一層次——從前不明白的問題，竟一下子迎刃而解了！沈竹礽學習三元玄空學理時無師自通，憑才智破解了五黃入中之秘，最終成為一代玄空大師。書中將詳細為大家分享破解三元玄空飛星學祕要的經驗，希望大家也有所得著。

觀坊間講解三元玄空飛星學的風水書藉，不下百本（包括中、港、台三地），內容深淺各異，範疇亦各有不同，讀者可按需要自行選購閱讀。本書旨在分享筆者學習三元玄空飛星之心得，以及探討學習時經常碰到的疑惑，尤其適合正在學習玄空風水者參閱。筆者不揣淺陋，錯謬難免，尚望各方風水大師指正，以匡不逮。

後學李泗達

風水隨筆

筆者一九八九年便開始拜師學習風水，一直都未有停頓過去研究這門學問，至今天仍跟隨名師學習，我相信風水是一門與時並進的學問，如陽宅由較早期的三合院、四合院，到現時的高樓大厦；由一大宅家族居住到現時一梯數伙，甚至床位籠屋，其變化之大，上一輩風水師傳所傳授之勘察步驟與方法，是否仍合時宜？

筆者研究各派風水，深入鑽研的也有五六門，每派都有其特點，有其準繩度，或許是環境、氣候，科技、生活質素改變等因素，使我們的衣食住行也有所改變，某些風水技術已不合用，或效果不彰。久而久之，風水學被別派攻擊和漸被忽視。再者，致力研究改進風水的人不多，致使風水學被人說成「偽風水」。

各派風水原是一脈

根據筆者多年研習風水的經驗，我發現某些派別在風水某範圍上鑽研得特別精細，其他範圍卻資料性不足（或許是筆者未得真傳）。舉例來說，看陽宅風水，玄空飛星派對方位便極之精細，資料非常多，有原局飛星到方，配合流運、流年、流月、流日、流時、內局、外局等配合佈局斷事，但在「方向」的範疇上，資料則較少（其實該派偶爾亦會運用深層學理，也許一般玄空師父視之為秘而不予傳授，筆者會另闢一章詳細透露）。而易卦派（或稱玄空大卦派）剛好相反，其風水布局以方向性為主，陽宅以宅向、各門向、神位向等計算其卦向之合十、生成及配合黃白二氣。但在方位性方面便有局限了，為甚麼呢？

筆者深信，風水上方向及方位是互相配合，相輔相成的，兩者同等重要。是否因為傳承上有所分歧，而發展出兩派呢？運用玄空飛星的師兄們，有沒有遇過以下情況呢？門、主、灶都落在差的宮位上，環境上又沒法移動氣口，或移宮換步，那怎樣去扶助宅主呢？一般只能擺放風水用品去減輕衰氣，遑論去「趨吉」。但如果你懂易卦派風水，便可改門線位、床線位、神枱線位來吸納旺氣去改善宅運。如果能把兩派風水理論結合使用的話，效果自然不言而喻。大概風水的面貌，本當如是。

三元不敗

風水最高境界，是能達至「三元不敗」，有沒有讀者反對呢？古人遣詞用字一般都非常嚴謹，尤其是風水著作，字字珠璣。為甚麼是「三元不敗」？為甚麼不叫「三元皆旺」、「三元皆發」呢？「不敗」代表甚麼呢？「不敗」大抵指「不會敗退」，「三元不敗」之風水大局，僅說明是局「三元」（即一百八十年）不會敗退而已。古賢並沒有說「大旺」、「大發」呀！各位研究風水的讀者朋友，還會追求「三元不敗」嗎？

愈出名功力越高

是不是愈有名的風水師功力越高呢？是不是有祖傳的風水師功力越愈高呢？有些風水師標榜曾跟某某公司、集團堪察風水或是其風水顧問，很厲害啊！那代表甚麼呢？該集團或公司是否世界知名或是行內的翹楚呢？世界知名意大利服裝品牌「G.A.」、香港知名地產公司「太X集團」英國總部，英國知名學府「牛X大學」、香港富豪醫院、上海某六星級酒店、國際足球壇知名球星、荷利活國際巨星等，他們也找同一師父看風水，知道是誰嗎？可以告訴你們，這位風水師父是香港人，人稱Master Li，他本身也是國畫家、字畫家，乃徐悲鴻，張大千一脈傳承。他在玄學界（或藝術界）不甚出名，風水不是祖傳，又不宣傳。他的風水功力，是毋庸置疑的。

筆者一直堅信不斷研習和實習，累積經驗，與時並進，是提高風水功力之唯一法門。不要奢望一般師父會把一生功夫傳授給你，就算他把所學傾囊相授，你所得到的，只是他今天的知識及經驗而已，那麼，明天或以後的知識呢？你又從何得知？要功夫高又全面的話，必須多接觸不同類型的客户，如富商、專業人士、基層人士、商家、廠家等；甚麼類型的建築物都要看，如獨立大屋、村屋、高樓大廈、公屋、酒店、工廠、商舖、地盤等（筆者曾經為一位客户看風水，他住在一首遊艇內，怎樣去定坐向呢？）。某些出了名的大師，收費高又挑選客户，這只會局限了其知識和經驗，功力只會停滯不前。要多接觸不同層面的事物，才能豐富自己的經驗，這是定律，勘察風水亦不例外。

風水疑問——巒頭、理氣誰力大

以風水學而言，外在環境影響力大，還是自生形成之理氣星盤影響較大呢？

外圍真山真水皆不美，住宅是否就定必差勁呢？如果住宅本身旺山旺向，又配合外巒頭，亦開旺門，是否仍然是「大凶」呢？或是「小凶」、「凶中藏吉」還是「吉中帶凶」？若你是風水師，會否叫人入住呢？

外圍真山真水皆不錯，但理氣卻是上山下水，或開二黑五黃門，巒頭力大或是理氣力大呢？

外巒有一座惡山，在住宅A的旺山星方，在住宅B的死氣山星方，住宅B當然不用考慮，那麼住宅A適宜居住嗎？有學過風水的人會答，要視乎這座惡山的大小、遠近、高低，或看看它在住宅哪個卦位，也要看看二十四山位和是甚麼元運（元運五行與該山所在二十四山五行比較生剋），甚至要知道宅內各人的命卦，綜合所有資料後，才能決定。網上很多玄學網站討論區，常有類似的答覆，發問者可能會因此驚歎玄學風水博大精深，或認為回答問題的風水師傅學識淵博。其實，上述的答案十分空泛，只會令問題複雜化，其實甚麼得着也沒有，多高多闊才算大呢？離住宅多少公尺才算遠呢？越近是否影響力量越大呢？應該是啦！但如果是一座好山，太近變成壓迫，又像不是啊！我可以告訴大家，兩座住宅坊間一般有料的師父都不取，不以吉論。似巒頭力較大。

外巒有一座「靚山」，在住宅A的旺山星方，固然不俗；外巒在住宅B的死氣山星方，因山形美，亦不以凶論。如此看來，巒頭力量不是較大嗎？

先不作定斷，再深入探討一下。就以上例子，我們可假設惡山會發出不好的能量，人接收到便「不吉」了。反之，「靚山」則會發放好的能量。但問題來了，從不同角度看同一座山，可能有不同的形態，從正面看是一座火形凶山，從右側看可能成土形吉山，從後面看可能成金形山，左側看或成水形山。又或山上段為廉貞形山石，中段剝換後下段青青翠綠。難道在某個角度看，它發放好能量，站在另一角度看，它便會發放凶的能量？難道在山頂發放凶能量，到了山下則發放好的能量？這顯然是荒謬的理論。因為山已屹立了數億年，除非地形變動，否則再過一段長時間，山仍然不會有任何改變。那麼，巒頭是怎樣影響人或樓宇呢？

外巒有一座「靚山」，屋宅當運時，自然旺人丁健康，就算不當運時，也不會太差。相反，外巒有一座「凶山」，宅在不當運時，主損丁，健康差，當運時雖主旺人丁，但亦有其他問題發生。因此，可先假定「見山主旺人丁」，「旺人丁」就是山所發出的能量，昨天是，今天是，明天亦然。

當一幢住宅落成，有人入住後，人和山便產生能量關係（宅一定要有人居住，才會立極，才會有數理，否則只是一個空間，並無吉凶可言）。巒頭派會根據山位於住宅的那個方位來推斷人丁吉凶。理氣派則由這座住宅起造蓋頂之元運及其坐向產生的宅內八方理氣，山坐落在住宅的某方位或多個一個方位，山之人丁能量發放到住宅，與宅本身產生的該方理氣融合而產生了變化，繼而令到宅內理氣發生轉變，玄空飛星來說是山星能量有所改變。是吉是凶卻由宅內原本理氣作為一個基數來計算決定。

見水亦是同一理論。再深入一點去探討來路對宅內理氣之影響，來路是動機，可影響宅之吉凶，但怎樣去影響呢？假設一宅大門開離方，其來路在宅前右方坤方，去判斷這所住宅的吉凶要看坤方及離方的理氣加以推論。如離宮旺向星八挨到當以吉論，若坤宮為向星九，九紫火生八白土會加吉。但坤宮若為向星三碧，三碧木剋八白土便會減弱八白星之吉性，坊間有師父於坤宮外路處掛紅燈去通關化解，但有用嗎？本身住宅所形成的理氣會走到外圍嗎？又若是宅右邊同有一宅，坐向一樣亦開離宮門，所不同其外路在其前左巽方，那麼外路最終理氣是跟左宅坤宮理氣或右宅巽方理氣呢？宅立極後理氣形成於宅内八方及中宮，門為納氣口，為宅内最大動機方，其所在方内的星數組合吉凶影響力至為巨大，來路亦為動機方，來路在宅的坤方，來路動機能量激發了或彰顯了宅内坤方的星數組合，固此，要調控坤方理氣吉凶便要在宅内坤方與外氣交接處亦即宅基盡處做功夫，因此，在宅内放風水物，要安放於宅基盡處才有力。要調理化解外宮之理氣煞，應在宅内陽基處做功夫而不應在宅外。

所有風水師都宣稱風水是「巒頭」加「理氣」（至於他們在勘宅時會否真正運用，就不得而知了）。那麼，究竟巒頭為先，或理氣為重，抑或一樣重要呢？各種方法都有師父認同，各種方法都可以說對，要視乎住宅單位而定。（在此筆者先申明，筆者是香港人，在香港長大，在香港學習風水，業餘勘察的住宅和寫字樓大部份在香港，而且大部份也是多層式大厦，因此，書中所提及的個案及分析均以此為出發點。因為單棟住宅如村屋、獨立屋在風水堪察上有不同的運作數理，這點讀者要明白。）現今香港社會生活節奏緊張，筆者會偏向以理氣為重，巒頭為副，這純以筆者過住經驗來判定，未必是定律或用於其他住宅皆準繩。筆者在這二十年間僅接觸了千多二千個案例，有成功有不成功，目前仍向師父學習及不斷鑽研中，如沒有足夠理據，或超過八九成的成功個案，決不會隨意定案。坊間有些書籍的作者，往往憑一個案例便下斷語，未免太過武斷。

起運盤元運

對於起「玄空飛星盤」用那個元運，坊間有三派學說，一派是根據入住元運，另一派是根據樓宅起造時的元運。更準確的是根據蓋頂的時間。如一座高層大廈，其起造時間剛好在兩元運之間，下層單位可能在上一元運蓋頂，而上層單位可能在下一元運蓋頂，那麼，這座大廈內單位便可能有兩個元運。亦有一些大廈後期加建，如加建的樓層是另一元運，便應以加建時的元運起星盤（坊間有一大師以完成地基時間定元運）。最後一派是跟運轉，七運時起七運盤，八運時起八運盤。

先談談第一派學說（根據入住元運起盤）。這一派以人為主，認為人入住後才能納氣，才有風水可言。曾有一風水師在七運尾時購入一單位，但七運時坐向理氣不佳，所以丟空一段時間到八運時才「入」住，因八運坐向理氣較佳。無常派[1]孫竹田於《堪輿一覽》[2]陽宅篇屋運一章，已提出以入住起元運。但此派有一個盲點，舉一例子：一宅A君於七運尾時購入入住，A君八運初結婚，太太搬入一齊住，那對A君太太是用七運盤或是八運盤呢！或八運有小孩，小孩出生在八運，那對小孩來說，是否用八運起盤呢？

根據起造時的元運或蓋頂元運起盤，其原理和八字類似，即以出生時間起出命盤，定本命質素，再根據大運流年定吉凶。起造時元運所起出之星盤為宅命質素，再配合巒頭、元運、流年定出宅之吉凶。坊間師傅較多使用這一派的原理，其理論亦較嚴謹及合邏輯數理。玄空經典《沈氏玄空學》[3]內的案例均以這套理論為依歸，應該不會錯吧！

①編按：無常派始自清中葉章仲山。章甫，字仲山，自號錫山無心道人，江蘇無錫梁溪人。據秘本《章仲山挨星秘訣》，其學源自姜垚一脈，於乙卯年（乾隆六十年（一七九五年））得傳。經嘉慶，至道光，章氏已是名滿江浙地理名師。因章氏及其門人多在無錫、常熟一帶，後世稱作三元玄空六派之一的「無常派」。

②《堪輿一覽》，輯入《心一堂術數古籍珍本叢刊・堪輿類》，經已出版。

③《增廣沈氏玄空學》附《仲山宅斷秘繪稿本三種》《自得齋地理叢說稿鈔本》》、《沈氏玄空挨星圖》《沈註章仲山宅斷未定稿》《沈氏玄空學（四卷原本）》合刊》，輯入《心一堂術數古籍珍本叢刊・堪輿類》，經已出版。

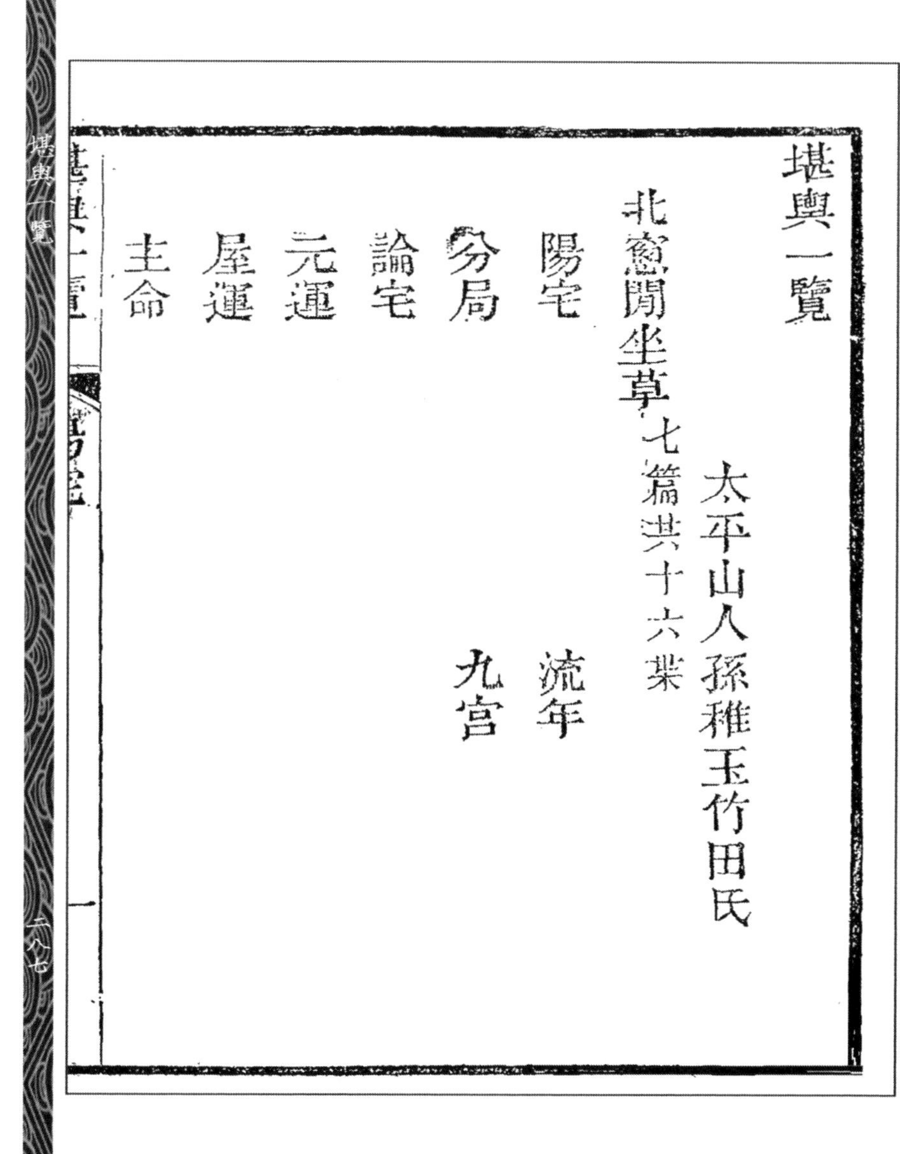

堪輿一覽

太平山人孫稚玉竹田氏

北牕閒坐草七篇共十六葉

陽宅　流年

分局　九宮

論宅

元運

屋運

主命

堪輿一覽　二八七

《堪輿一覽》，[清]孫竹田著，輯入《心一堂術數古籍珍本叢刊·堪輿類》，心一堂出版。

三層爲金木相戰凶宜作五間五層或六層居之與旺又如艮坤宅以土爲主不宜作三間三層宜作五層四層七間九間以上入宅略舉一二以爲之例類而推之隨地隨時隨人之布置務使相生勿使背戾斯可矣如有不合式者俟行運到時或添設一層或添設側屋零數以爲之救則可轉凶爲吉也

凡屋之起運以入宅之日爲始空宅無運如居之已久而行至敗運者當大修作以振動之則從本宅重新起運照前行去而昔之敗運已截住不行矣如宅

十

《堪輿一覽》中陽宅篇屋運一章。

筆者因工作關係，每年到英國出差，均會順道幫朋友勘察風水。在英國，住宅多為單棟式建築，且一般都有數十年或過百年歷史，十居其九已經查不到起造時間，那麼，在這樣的情況下，該怎樣替宅主勘察風水呢？

跟元運轉，簡單直接，坊間亦有名師運用，但有一定的條件限制。想深一層，如果某種方法不準確的話，其派別理應一早沒落，斷不會繼續有師父應用至今。其實每一種學理，均有其理據支持及準確性，但未必可廣泛應用於每一種情況。這說明萬萬不可否定別派的風水理論，因為每種方法在特定的情況下，是相當準確的。

某些師傅或會認為筆者未得真訣，左學學，右學學，根本不知道各派真正的原理及操作方法，這點筆者亦不會反對。筆者曾經涉獵過的風水派別有十數個，深入鑽研的有五六派。就研習所得，筆者認為每派風水的學理也是非常完整的，否則便早已被淘汰而不會流傳下來。從筆者過往勘察經驗所得，在某些環境下，某派風水會有所限制（或是筆者未曾得真訣），但某些派別卻可靈活運用，彌補不足。

為甚麼風水有那麼多派別呢？若追本溯源，理應只有一家，時移勢易，愈來愈多的派別應運而生，不同地區有不同的發展路向，究其原因，可能是上一輩的風水師傅因應該地區的環境、人民的生活習慣及建設而作合理的調整和修訂，傳承下去，便演變成一個新的風水派別！因此，該派風水應用在某種環境下收效顯著，但用於其他環境，是否有同樣相同的效果呢？就如簡單的起盤立向（筆者有別章詳細討論），已有以上不同派別。

筆者最重徵驗，管他甚麼派別，如果有效，便取而用之（當然要經過實踐，證明有效，筆者才會取用）。筆者一直相信，風水理論要跟隨環境和時代進步不斷調整，才能與時並進。當筆者勘察風水碰到難題時，便會從另外一個角度去思考，或試用另一派風水理論去尋求解決方法。如筆者早年替一家水族館勘察風水，館內全為魚缸，全為動水，以玄空飛星來說，旺向星見水，旺山星又見水，失運向星山星都全見水，那怎樣去斷事，怎樣去布局呢？當時的確很迷網，幸好突然想起學習風水時師父的一席話：「見山不是山，見水不是水」、「平地一凸是為貴」。現水族館內全是水，水便不重要了，要看沒有水的地方如納氣口，通道等來定吉凶。

好了，究竟那一派起元運盤最為準確呢？很抱歉，根據筆者的經驗，三種方法各有千秋。翻查筆者數十個六運樓及五運樓及千多個七運樓個案，有宅主六運時入住，有宅主七運時入住，有宅主八運時入住，更有的入住時適逢大裝修，有些沒有，有村屋，有公屋，有私人樓，有單層大屋，有些在七運時勘察，有些在八運時勘察。根據主人家所提供過往發生之事，筆者發現，有的情況使用原起造運運盤較準確，有的情況使用入住時元運運盤較準確，有的則使用現今元運盤較準。筆者更察覺，有些個案兩個元運的數理也應驗，愈進入該元運，該元運影響力便愈大。

或許先研究一下什麼是元運。當元元運之氣非常强勁，原則上整個地球也充塞着元運的氣，社會也跟着元運之氣影響而有所轉變。如上一個元運為七運屬兑卦，其一卦象為口，因此關於口的行業會特別逢勃，如卡拉OK等。現今八運為艮卦，其中一卦象顯示有利和手有關的行業，那麼，對現時按摩推拿等行業很有利呢。此外，在宅第方面，所有在該元運起造之陽宅及下葬之陰宅，亦以該元運之氣入中起星盤，這是不變的定律。當踏入新的一個元運又會怎樣呢？如果元運之氣那麼强，對於暴露在地上的陽宅會有甚麼影響呢？陰宅葬於地下，影響不大，除非再起棺或從新立碑，否則不會轉運。各派對以上的說法，基本上完全應同，並無衝突。

接著，再談談什麼是轉元運（或稱換天心）。對於陰宅換天心，各派理論理都非常一致，但在陽宅換天心，各派則有不同的方法和理論，筆者聽過的方法有：

一、把該宅空置一段時間後再入住。有的說七天，有的說四十九天，有的說九十天，有的更指須要把所有窗户打開，才可轉運。

二、大裝修。有的說要將所有牆身剷去，再從新掃上顏色；有的指一定要剷去天花；有的認為一定要換新地板；有的則說必定要換走大門。更有師父說只要更換爐灶，便可轉元運。

最正統莫過於揭頂露天光一段時間，當然不同師承的露天光時間有所不同，有七天、九天、四十九天等。根據這理論，現代的多層樓房，除最頂一層有條件換天心外，其餘的一概不能轉換天心了。

為甚麼要露天光呢？是否要通過外氣去吸取當元之氣？或以光／能量去把舊元運之氣換走呢？是否要吸取午時太陽之光呢？古時房屋的窗户很小，又有紙阻隔光線，僅用以通風，那有現時的落地大窗、露台等可取光吸氣？假若揭頂露天光旨在吸取當元旺氣入宅去轉換天心，那麼現代的住宅設計，採光納氣方面比古代更為優勝，是否比較容易去轉換天心呢？若住宅窗户、露台夠大的話，時間一久，會否自動換了天心呢？如要吸納午時之陽光，用鏡反射陽光入宅，又是否可行呢？

說回陽宅起運盤元運問題，假若換天心旨在通過外氣去換走宅內舊元運之氣，那麼，現今住宅採光納氣的設計便有助轉換天心，亦可初步解釋筆者所接觸那數十個五運樓及六運樓的個案，若通外氣不足的話，便不能轉換天心，相反，如果在轉換過程中，有兩個元運盤數理同時存在，通外氣時間又足夠的話，便能完全轉了天心。一位玄空名師指出，人流多的建築物，如商場、酒樓、店鋪等，運用玄空飛星風水勘察時，起星盤要跟運轉才準確。他的說法顯然符合上述理論。人每天外出，都會吸取當元之氣，若該建築物人潮如鯽，等同有大量當元之氣進出該建築物，使該建築物於短時間內輕易地轉換天心。

取巒頭捨理氣（店鋪開門收水）

在英國倫敦唐人街內的一條單程路上，兩旁食肆林立，有中國菜館、意大利菜館、法國菜館等等。我一位朋友在該處擁有兩間中國麵食館，兩店售買的菜式相若，而且聘用同一位大廚烹調食物，但奇怪的是，兩間店鋪的營業額卻差天共地——一間有盈餘，而另一間卻虧本！兩間麵館其實只相隔五個鋪位，室內間格亦相若，只是左右相反而已。在這裡談及的，當然涉及風水問題。這個例子筆者不打算提供理氣數據研究，反而想與讀者分享一些巒頭上的小秘密。

當日跟朋友到其麵館勘察風水，麵館座落的單程路上，人流的方向和馬路的方向一致，很少人走回頭路。記得當日筆者邊行邊打趣地和朋友討論單程路兩邊店鋪的生意，說這間生意應該不錯，那間應該未如理想，只見朋友臉色愈來愈驚訝！立即詢問筆者為甚麼會對街道上各所店鋪的生意情況瞭如指掌？有些讀者或會認為，是筆者早知街道線向，理氣星盤已在心中。但可以告訴你們，筆者是第一次到那條街，從未拿出羅經去量度坐向，而且道路兩邊的建築已有數十年至百年歷史，也不知用那一個元運起盤。筆者當時只用最簡單的「巒頭法」去推測，但竟然有意想不到的準繩度。筆者於該次勘察回港後，更努力去鑽研巒頭學，這是後話。

其實，筆者只根據該鋪是否開門收逆水來推測其生意狀況而已。「送水局」以退財論，而「接水局」則以旺財論，這是最基本的巒頭水法。我朋友在唐人街的兩間麵鋪，一間開「送水門」，一間則開「接水門」；「送水門」那一間虧本，而「收逆水」那一間則有錢賺。筆者當然不會就此斷言「巒頭比理氣重要」，因為筆者有很多案例也是取理氣，而捨收逆水門的。筆者想指出的是，一些基本巒頭理論是非常重要的。坊間大部份學習玄空風水的朋友都很努力去追求「五星城門訣」、「些子法」、「七星打劫」、「五鬼運財」等玄空秘中秘，不但忽略了基本理論，更犯了重理氣而輕巒頭之弊。風水理論本來就是由巒頭結合理氣而成，捨一不可，只是有時巒頭比重多些，有時候理氣比重多些而已。

就筆者的勘察經驗，一些獨立屋、村屋或低層的住宅單位，筆者會很留意外巒的環境，如馬路、附近建築物之形勢等，再配合理氣作出適當的佈局。巒頭比重會較多或反過來說巒頭影響力較大，但如果是高層住宅，巒頭影響力相對較小。但有時還需要注意特別的巒頭，筆者有一典型案例。筆者太太有位舊同事，她買了紅磡一個豪宅高層單位，面向維港。入住前其丈夫找人看過風水，一次到其住宅拜年，暗中研究該師父的佈局，果有獨到之處：門、床、灶全合玄空之法。閒談間，對其夫婦說要留意健康，尤其是睡眠方面。當時他們驚訝地表示，自入住後健康真的每況愈下，早上起床後好像未睡過一樣，睡眠質素非常差，但其兒子和工人卻沒有問題，其他方面如財運也不錯，外巒也不見有形煞沖射。究竟什麼地方不妥當呢？原來是主人房床頭牆壁後方是升降機槽，每天升降機升升降降，既帶電又帶磁場，焉能安睡！其影響力真的不能低估。顯見的形巒煞氣當然要注意，但有時隱藏的煞氣亦需留意。古時沒有上述的例子作參考，但現今的樓宇住宅，附近有動象的事物，便需多加留意。

就以上英國倫敦唐人街的例子，如果該條不是單程路，或路面寬闊、人流不是跟隨馬路方向，又或是人流、車流很小的話，單以收逆水去判斷其得失，很可能完全錯誤。因此，除了基本理論外，還要配合經驗去作出判斷。經驗沒有捷徑，必須靠自己親身去體會，多看、多實習是不二法門。

損小口

研究玄空風水的朋友都知道，飛星組合三八及四八為損小口之數，①一般來說，如果門、房、床位遇到三八或四八之飛星數組合，主對小孩不利，尤以健康問題為甚。記得某師父在電視節目中曾肯定地說：「這住宅門見三八，雖屬損小口之數，但宅內無小孩居住，不忌。」但果真如此嗎？先不說宅內可能有「八白」卦命人被尅，是否除小孩外，其他成年人都不受影響呢？筆者有數個七運東西向的住宅個案，大門山向星納三八之數，宅內並沒有小孩居住，但宅內某類人疾病不斷，其中有一個共通點是：兒女跟父母居住，兒女都是成年人，父或母是家庭收入支柱，經常生病的，正是居住在宅中的兒子或女兒。他們個案中的子女均是成年人，按三八之數，理應不受影響，為甚麼會應驗

①可參看作者第三本著作《玄空風水心得（三）玄空基礎探微》第八章「飛星斷事」一節。

對小孩不利之象呢？其實，若稍為深思，便可得知父母是宅中主人，在他們眼中，兒女永遠是小孩，這也是數理上應驗之故。

我曾跟隨的一位名師對我說，當住宅某方位見惡巒頭沖射，首當其衝的是該方位的後天八卦卦象代表人物，繼而是卦位的陰陽人物，最後是住在宅內的人。舉例說，如乾方見沖射，老父或男主人會先受影響，如宅內沒有老父或男主人，那麼，宅內的男性便會受影響，如宅內也沒有男性，那女性便會受影響了。如讀者明白這個道理的話，對上文提及三八損中男或中女的例子，應該別有領悟。

筆者不是想推翻前人的論斷，也不是想否定三八或四八組合對小口不利的傳統說法，只是想提出疑問：如果環境有些改變，是否應把推斷層面擴大呢？或許單憑筆者數個例子，不能證明些什麼，然而，筆者只想帶出個人認為正確的學習態度，研習每一樣學問，都要不斷提出疑問，反覆論證，筆者極相信風水（堪輿）在不久將來會成為一門科學，而不是玄學。玄空風水有一套完善的學理（不同派別各有差異，尤其理氣方面，但其核心巒頭學理基本相同），經過千多年的流傳和經驗累積，涉及環境學、地磁學、氣流學、光學、色彩、物質、數學、心理等等學理，若能以科學的層面去研究，定必會成為一門專業的科學。

生入剋入名為旺

一般五行生剋，以生我、比和為吉；剋我、我生為凶，我剋亦洩我元神，亦不以吉論。八字範疇中「我剋者為財」之論，並不適用於風水學上。根據玄空風水學，我們還要知道星曜之本體星情吉凶，才能作初步論斷。如二黑星被生，力量增強，反而激起其凶性；反之，如二黑星被洩，則反作吉論。但最終還要計算時間上之影響，如二運時，二黑為當旺之星，被生主吉，被洩反減其吉性。五行生尅制化，在玄空學理上非常重要。九星本身有陰陽、五行，再配合時間而生衰旺。因此，利用五行生尅制化，可生旺、減弱、轉化其星情力量，從而進行風水調理。五行生入、比和，可增加該星的力量；五行生出、尅出，則減弱該星的力量，五行尅入，則尅制該星力量。知道該星之衰旺，便可運用五行去調理該星之吉凶了。

如現時八運八白為旺星，五行生入、比和，可增加八白星吉的力量，當以吉論。五行生出、剋出，則減弱八白星吉的力量，五行剋入，則剋制八白吉星的力量，這三種情況皆以凶論。三碧星在八運時為退氣凶星，五行生入、比和，可增加三碧凶星的力量，當以凶論。五行生出、剋出，則減弱三碧凶星的力量，五行剋入，則剋制三碧凶星的力量，這三種情況反以吉論。觀此，可知五行生剋必須配合星曜衰旺才能論斷吉凶。但讀者宜注意，以上所述，僅以一般情況而言。若五行生剋太過，情況便相反，這是另一個課題，下次再跟各位研究。

楊公奧語曰：

從外生入名為進，定知財寶積如山。
從內生出名為退，家內錢財皆盡費。
生入剋入名為旺，子孫高官盡富貴。

此乃本星為旺星論，第一句及第二句非常清晰，第三句卻出現問題，為甚麼尅入會旺呢？楊公是否寫錯？對「生入尅入名為旺」這句，坊間買到的書本對這句都沒有深入的解釋何以尅入會旺，有些註解更離題萬丈，現引錄如下：

此言穴中所向之氣。穴中既有生入之氣矣，而水又在衰敗之方，則水來克我，適所以生我也。內外之氣，一生一克皆成生旺，兩美相合，諸福畢臻，所以高官富貴有異于常也。

按玄空排卦法，如遇順排，生入，固為旺。而生出，亦為旺。如遇逆排，克出，固為財。而克入，亦為財。生入尅入名為旺，來水坐山，俱合卦。

生旺之氣為生，衰死之氣為尅，向得旺氣即為生入，向得衰氣即為生出，坐得旺氣即為尅入，坐得衰氣即為尅出。

尅我即所以生我故名為旺。

筆者在此告訴讀者，楊公絕對無寫錯，這句正正道出了玄空五行生尅運用的要旨。現舉一例以三元玄空學去說明之。四綠文昌星五行屬木，要生旺四綠文昌星，可用木比旺之，如放四枝毛筆；亦可用水生旺四綠文昌星，如放置水或水種植物。既然木要水來生旺，水必然要源源不絕，而水賴以金生，所以應以金生水、以水生木，便確保水源源不絕了。對木而言，金是尅入，但有水去通關，遂變成連環相生了。這正是『生入尅入名為旺』的玄機！其餘五行的演繹可如此類推。但要注意每一個宮位內切勿五行齊全，否則會使宮內無主，從而令宮內星耀組合『壞死』。

讀者可能會問，宮位內主凶的組合（如二三鬥牛煞），壞死不是好嗎？這是一個頗複雜的課題。簡單而言，山星、向星雖各自入中後飛佈八方，但星曜本身是連扣在一起的，山星是一組，向星是一組。如八白旺向星受九紫向星生旺、受二黑及五黃比旺，假若二黑壞死，便影響八白星，嚴重的話，二黑壞死會影響其餘八個星曜在九宮內的流轉，盤中所有星辰也會受到破壞。調理風水，絕不可見旺星便生旺，見凶星便去剋洩，若不計算清楚，便會有反效果。真正或正確做風水，其實要運用五行去「化煞為權」。現為八運，八為旺星，向星為一組，要知道怎樣利用二黑、五黃幫助八白（因九星飛佈八方連成一氣，尅洩二黑、五黃便會令五行失衡，從而減弱八白）或怎樣以三碧木星生九紫火，再生旺八白土，當所有星曜都轉化幫助八白旺星，成『一貴當權』之局，還需怕其他凶星嗎？這就是三元玄空於陽宅運用五行生剋制化之真義。

八純卦

一般人認為八純卦，是指全盤山星向星相同，《沈氏玄空學》於卷一〈論起星一章〉提到八純卦：

「八純卦在替卦中有之，如八運辰山戌向，左兼右兼為八純卦。」

「用替之最異者，莫若五運之戌山辰向，八運之辰山戌向，出卦兼或陰陽互兼，山向飛星皆字字相同，此之謂無變化無生息，葬之有凶無吉，此用替卦之大略也。」

卷五〈起星立成圖序〉一章再次提及：

「字字相同即八純卦，八純卦者即乾又見乾，坤又見坤，艮又見艮，巽又見巽之類，今吾書排盡

九運廿四山向得八純卦凡六局曰五運之戌辰、辰戌、乾巽、

巽乾、亥巳、巳亥是皆山向俱替。」

《沈氏玄空學》一開始提到八純卦，指八運辰山戌向左兼右兼，但讀者如果嘗試起飛星盤或查一下表，便會發現，原來八運辰山戌向兼盤，並不是八純卦，反而是旺山旺向盤！卷五很清楚指出，「字字相同」即八純卦，並列出五運之六個山向兼卦皆為八純卦，這六個兼卦山向為：（見圖一及圖二）

戌山辰向
辰山戌向
乾山巽向
巽山乾向
亥山巳向
巳山亥向

圖一：五運辰山戌向兼
五運戌山辰向兼

7 7 四	2 2 九	9 9 二
8 8 三	6 6 五	4 4 七
3 3 八	1 1 一	5 5 六

圖二：五運巽山乾向兼、五運乾山巽向兼
五運巳山亥向兼、五運亥山巳向兼

5 5 四	1 1 九	3 3 二
4 4 三	6 6 五	8 8 七
9 9 八	2 2 一	7 7 六

這六個山向，九宮內山星與向星皆字字相同，毫無變化，大凶之論。

然而，及後又謂「八運之辰戌、戌辰替向不替山或替山不替向則為八純卦」（見圖三及圖四）。姑且不探討替向不替山或替山不替向這個課題（在仲山宅斷已有替向不替山之例，日後另闢一章再深入研究之），沈氏一再說明八運之辰戌、戌辰山向兼卦為八純卦，這決不是文筆之誤！在此，筆者可明確告訴各位，八運之辰戌、戌辰山向兼卦的確為八純卦。因此，在八運時，切勿立或住辰戌、戌辰山向兼卦之陰陽宅，否則災禍立見。

圖三：八運戌山辰向兼

6 8 七	2 4 三	4 6 五
5 7 六	7 9 八	9 2 一
1 3 二	3 5 四	8 1 九

圖四：八運辰山戌向兼

8 6 七	4 2 三	6 4 五
7 5 六	9 7 八	2 9 一
3 1 二	5 3 四	1 8 九

坊間對《沈氏玄空學》有褒有貶，始終《沈氏玄空學》由沈公①之子瓞民②（又名祖緜）及其門人搜集沈公生前手稿輯錄而成，也收錄了門人及先賢的作品，內容非常豐富。可惜，書中的講解分析稍欠系统，有部份學理甚至欠缺詳細的解釋說明（如上述八運之辰戌、戌辰山向兼卦為八純卦），沒有深厚玄空學基礎的讀者便不得其門而入，愈讀愈覺此書錯漏百出，遂懷疑此書學理是否真確。

筆者嘗試解釋上述問題。八運辰山戌向地元卦正向，山星七入中順佈，而向星為九入中順佈，為上山下水之局。而八運辰山戌向地元卦兼向，山星

①編按：沈公即沈紹勳（一八四九—一九零六），字蓮生，號竹礽，浙江錢塘人。精易經、堪輿，堪輿著述有：《沈氏玄空學》四卷（後再版增訂為六卷）、《地理辨正抉要》四卷、《靈城精義箋》一卷等（以上俱輯入《心一堂術數古籍珍本叢刊》，已出版）。傳子祖緜、祖芬，弟子江志伊等。

②編按：沈祖緜（一八七八—一九六九），字瓞民、迪民，流亡日本時化名高山獨立郎，浙江錢塘人。其父是晚清著名易學家、堪輿家沈紹勳（竹礽）。幼承家學；及長，入浙江大學堂，畢業後留校任教。後留學日本。與孫中山、章太炎等友好，籌組光復會、加入同盟會，投身革命，多次流亡日本及海外。晚年定居蘇州富郎中巷德壽坊（即沈氏自得齋，今尚存）。沈氏除精易學、堪輿外，兼通訓詁、史地、中醫、詞學、武術氣功、外語等。一生著述甚豐，達百餘種，惜多散佚。六九年被抄家後，所藏古藉及著述被焚，憤恨而終。易學、堪輿方面著述有：《三易新論》、《周易孟氏學》、《九宮撰略》、《九宮考辨》、《八風考略》、《增補沈氏玄空學》、《玄空古義四種通釋》、《地理疑義答問》等（以上俱輯入《心一堂易學經典文庫》、《心一堂術數古籍珍本叢刊》，已出版）。子延國、延發，門人申聽禪、楊純三、馮柏榮、陳瀚清等傳其學。

沈竹礽小影，《增廣沈氏玄空學 附 仲山宅斷秘繪稿本三種、自得齋地理叢說稿鈔本》（輯入《心一堂術數古籍珍本叢刊 · 堪輿類．沈氏玄空遺珍系列》，心一堂出版。）上冊。

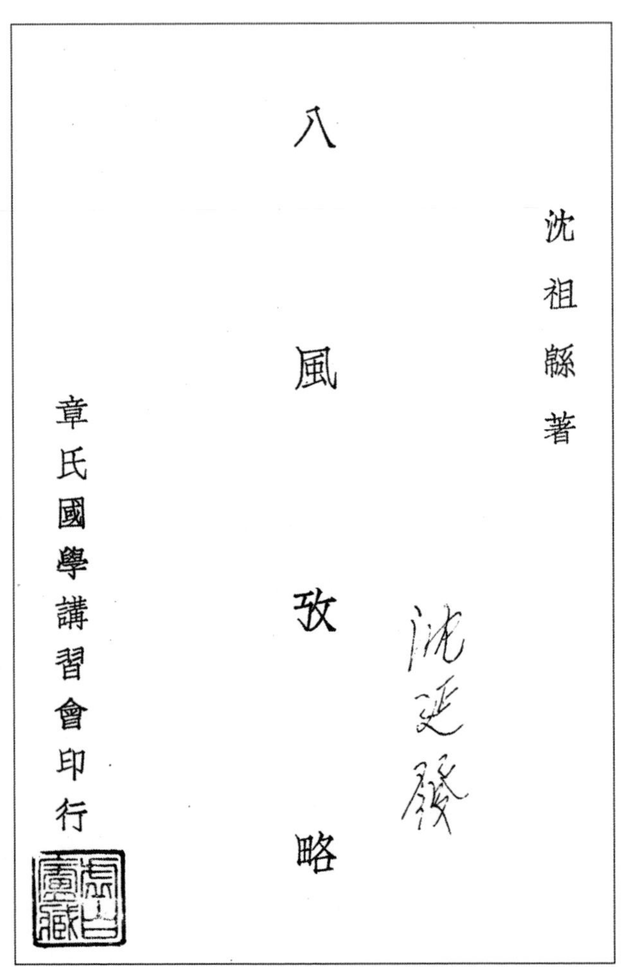

八風攷略

沈祖緜著

章氏國學講習會印行

沈延發

八風考略 一

沈瓞民《八風考略》，虛白廬藏原沈延發（沈瓞民公子）簽名家藏本。見《八風考略》《九宮撰略》《九宮考辨》合刊，心一堂出版。三種著作流傳極稀，在心一堂公開出版以前，幾十年來是幾位沈氏玄空風水名家手上千金不易、秘不示人的秘本。

九入中順佈，而向星為七入中順佈，則成到山到向之局。可是，此到山到向局由飛星入中順佈而來，並不是自飛星入中逆佈而出，且正向用卦，兼向則用星，因此，此到山到向並不是真的到山到向局。讀者有否發現，八運辰山戌向兼向，與正向山向星是互換的（山星＝向星，向星＝山星）。若諸位深思一下，便即可想像，一卦山內正向之盤及兼向之盤，其實同時存在！若坐向在正卦之度數範圍內，則正向盤之數力量較大；相反，若坐向在兼卦之度數範圍內，則兼卦盤之數力量較大。若相信這個理論，那麼，八運辰山戌向，或戌山辰向兼向，就是八純卦了。其實，這正是蔣大鴻在《地理辨正》①提到「一卦有兩卦之用」與「一卦有三卦之用」的中心理論，慕請諸位多花時間鑽研

①編按：自清初蔣大鴻（一六一六－一六八九）得無極子之傳，著《地理辨正》以來，力闢偽法，弘揚三元玄空之學，尉為堪輿正宗，影響深遠。由清初至民國初年，《地理辨正》註解最少有幾十家晚。清沈竹礽曾歸納當時影響較大六個三元玄空門派：無常派、滇南派、蘇州派、廣東派、上虞派、湘楚派。其中無常派是影響力最深廣門派之一。無常派宗師章仲山著《地理辨正直解》、沈氏玄空宗師沈竹礽著《地理辨正抉要》是無常派及沈氏玄空學者中最重要的《地理辨正》註解。現存《地理辨正》中以蔣大鴻首徒張仲馨門人一脈汪云吾秘鈔《汪氏地理辨正發微》附《地理辨正真本》中的《地理辨正真本》最接近蔣氏原稿，各篇另有蔣氏序言，是通行本所無，內容文字亦與通行本有出入。最大篇幅的《地理辨正》註解，則是尋緣居士集《地理辨正》一百零八家註解大成精華編著的《《地理辨正集註》附《六法金鎖秘》《巒頭指迷真詮》《作法雜綴》等》十卷。玄空六派及各家《地理辨正》註解，俱輯入《心一堂術數古籍珍本叢刊》，陸續出版中。

地理辨正序

通三才之道曰儒。故天官地理。皆學士家窮理之本業。而象緯之學。正三統。測災祥。屬有國家者之事。獨地理為養生送死。生民日用所急。孝子慈孫。尤不可以不謹。宋儒朱蔡諸賢。間有發明。見於性理書中者。班班可考。顧僅能敷陳梗槩。而未究其精微。或者進而求之通都所布管郭諸書。雖其言鑿鑿。而去之逾遠。斯其為道。顯而隱。誠所謂間世一出。非人不傳者耶。余少失恃。壯失怙。先大父安溪公。早以形家之書孜孜手授之。而後知俗學之非也。思窮徑絕。迺得無極子之傳於游方之外。習其所

蔣照堂傳

現存《地理辨正》中以蔣大鴻首徒張仲馨門人一脈汪云吾秘鈔《汪氏地理辨正發微》附《地理辨正真本》(輯入《心一堂術數古籍珍本叢刊・堪輿類・蔣徒張仲馨三元真傳系列》，心一堂出版。)中的《地理辨正真本》最接近蔣氏原稿，各篇另有蔣氏序言，是通行本所無，內容文字亦與通行本有出入。

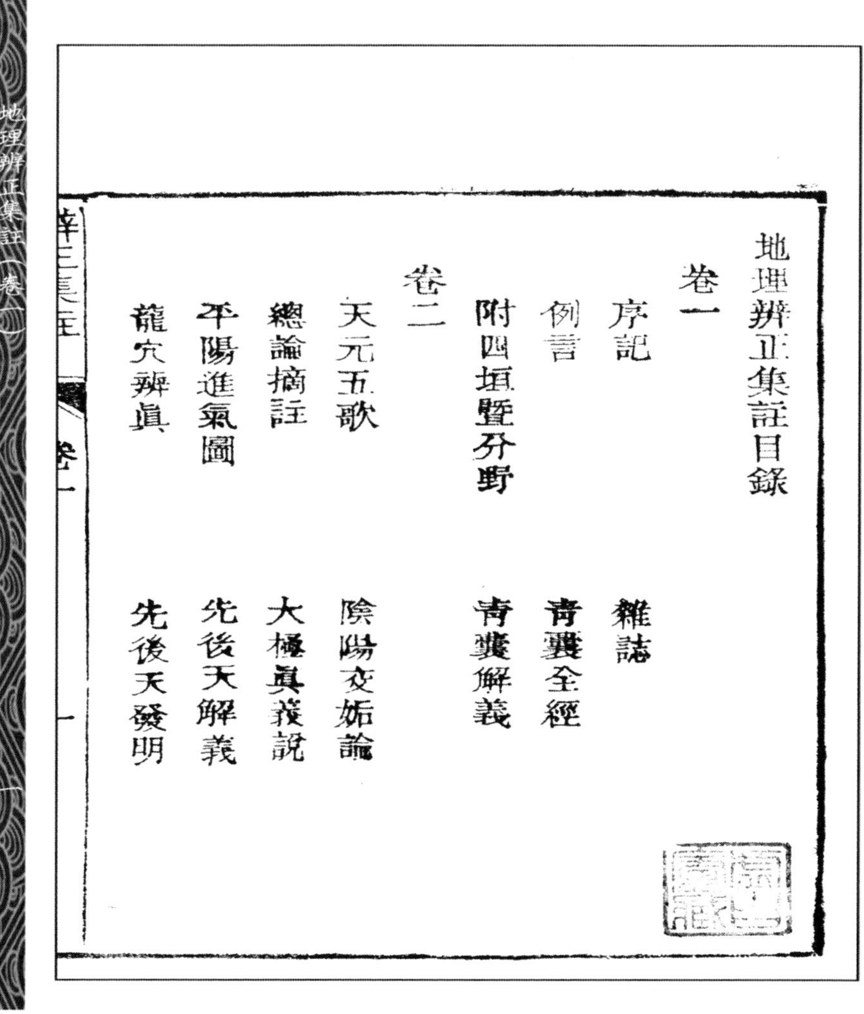

地理辨正集註目錄

卷一

卷二

地理辨正集註（卷一）　一

歷來最大篇幅的《地理辨正》註解，是尋緣居士集《地理辨正》一百零八家註解大成精華編著的《《地理辨正集註》附 《六法金鎖秘》《巒頭指迷真詮》《作法雜綴》等》十卷。匯集玄空六派及各家《地理辨正》註解，輯入《心一堂術數古籍珍本叢刊・堪輿類》，心一堂出版。

此理論，必定有所裨益。

兼卦是三元玄空學中最大的秘密，包含很多極隱秘的學理。想當年蔣大鴻之徒姜汝皋[1]奉其師二千金，蔣大鴻亦不肯傾囊相授，亦警告徒兒絕不可把所學輕易外洩。《沈氏玄空學》亦有提及替卦之寄宮，如二運之甲山庚向兼卦，與二運壬山丙向正向星盤是一模一樣的（圖五及圖六）。又九運戌山辰向、一運乙山辛向、八運丙山壬向，以上三盤（圖七至圖十二），其兼卦山星與向星組合和正向相同，只是宮位不同而已。沈氏謂「寄宮參變之妙用」，內裡其實大有玄機。以上數局，若在替卦寄宮處見水放光和見山，是為極旺。有機會再與各位詳細探討研究。

①編按：姜垚，字汝皋。蔣大鴻弟子。精儒學、易學、詩詞、醫學、堪輿、鑑賞等。出身大儒及官宦世家，父姜希轍仍明末清初大儒。據秘本《章仲山挨星秘訣》，無常派宗師章仲山其學源自姜垚一脈。姜垚一脈尚有未公開風水秘本數種，輯入《心一堂術數古籍珍本叢刊》，即將出版。

圖五：二運甲山庚向兼

6 7 一	2 2 六	4 9 八
5 8 九	7 6 二	9 4 四
1 3 五	3 1 七	8 5 三

圖六：二運壬山丙向

6 7 一	2 2 六	4 9 八
5 8 九	7 6 二	9 4 四
1 3 五	3 1 七	8 5 三

圖七：九運戌山辰向

9 9 八	5 4 四	7 2 六
8 1 七	1 8 九	3 6 二
4 5 三	6 3 五	2 7 一

圖八：九運戌山辰向兼

1 8 八	6 3 四	8 1 六
9 9 七	2 7 九	4 5 二
5 4 三	7 2 五	3 6 一

圖九：一運乙山辛向

7 4 九	3 8 五	5 6 七
6 5 八	8 3 一	1 1 三
2 9 四	4 7 六	9 2 二

圖十：一運乙山辛向兼

8 3 九	4 7 五	6 5 七
7 4 八	9 2 一	2 9 三
3 8 四	5 6 六	1 1 二

圖十一：八運丙山壬向

2　5 七	7　9 三	9　7 五
1　6 六	3　4 八	5　2 一
6　1 二	8　8 四	4　3 九

圖十二：八運丙山壬向兼

9　7 七	5　2 三	7　9 五
8　8 六	1　6 八	3　4 一
4　3 二	6　1 四	2　5 九

斷向不當旺客星加臨之咎

《沈氏玄空學》卷五〈玄空輯要〉內有一章節〈斷向不當旺客星加臨之咎〉：

「陰陽兩宅如衰死到向為某字，逢流年客星到向又植某字，主傷丁口，向不當旺而逢流年紫白旺星挨到，亦反主發禍。例如八白運立壬山丙向，旺星到坐，至甲午年年星四綠入中，八白到向，便主發禍，此以向首斷也。水裏龍神上山之局，並可就坐後斷，如七赤運立子山午向，向上旺星到坎，已犯水裏龍神上山，若坎方填實或有高山高屋已屬不吉。緣飛星雙七臨坎，天盤三到坎，交八運七為衰氣，逮癸卯流年二月客星三又到坎，是為三七迭臨，必遭劫盜官訟之禍。主乙卯、癸未肖人發禍。至十一月雖有三到，卻不為害，因月建已屬甲子，非太歲故也。此以加臨客星與年月太歲合參而斷生肖，然氣運既衰，凶星來襲，變故之生如響斯應，縱無乙卯、癸未生肖，亦豈能免禍哉！」

坊間一般註解，都認為這篇是玄空之斷法，以原局飛星，配合流年流月飛星來斷事和斷人。其實，這篇還隱藏了另一玄空秘訣。看開頭幾句「陰陽兩宅如衰死到向為某字，逢流年客星到向又植某字，主傷丁口，向不當旺而逢流年紫白旺星挨到，亦反主發禍。」清楚指出，旺向星不排到向首，遇流年凶星或吉星到坐，亦主凶。即是說，陰陽兩宅，切勿選擇雙星到坐和上山下水的坐向，因為旺向星不排到向首，不管紫白甚麼星排到，亦主凶。向首向星為元神，至為重要，蔣大鴻天元歌謂：「向首一星災福柄。」正正道出向首元神向不當旺，則紫白甚麼星到也主凶。淺白點說，不論陰宅還是陽宅，旺向星不到向首的話，皆主凶。

研究三元玄空風水的讀者，或會碰到一些疑惑：為甚麼此宅開山向星一四大門，夫妻和順恩愛；那宅同樣開山向星一四大門，則夫妻分離？為甚麼書桌同樣在山向星四九木火通明的位置上，此宅之小孩讀書聰明，而彼宅之小孩卻得眼疾呢？又或安放了同樣的風水物象，化解相同的理氣煞，一所住宅成效顯著，另一住宅則成效不彰，究竟是什麼原因呢？坊間大多數師父會告訴你：「要配合巒頭，外巒有沖射，星數組合便會應凶不應吉。」其實，根據《沈氏玄空學》「斷向不當旺」篇，道出答案已呼之欲出了。當向首元神得運，整個飛星盤數便以得運論。一四得運，以「夫妻和順」斷，四九則以「文昌」斷。可是，假若向首元神失運，整個飛星盤數便以失運論，如此，一四便主「夫妻分離」，四九便應「眼疾」了。那麼，向首元神怎樣才算得運呢？理氣可分多個層次，最基本莫如旺向星排到向首，而向首方又見明水。再深一層，則要合零正、內外巒相配。

坊間一般師父都認為雙星到坐，坐後先見水，後見山可論吉；上山下水之局，如前方見山，坐方見水，亦以吉斷。然而，這只是一廂情願的想法，實際上，此情況並不作吉斷，陰宅尤是。上山下水之局，向首山星見水，主人丁大凶；雙星到坐，坐後山星見水，主人丁小凶。因山星始終龍神歸位，原理與向首元神同。《沈氏玄空學》內藏很多玄空秘密，作者有意無意間不作解釋，輕輕帶過，以上正是一例。

讀者可參看筆者另一本著作《玄空風水心得（二）——沈氏玄空學研究心得》內「雙星斷事之真義」一章。

陽宅催旺化煞要點

上一章提到安放相同的風水器物，化解相同的理氣煞，一所住宅成效顯著，另一住宅則效果不彰。除了坐向線位格局影響外，當然還有其他因素，其中一項是理氣五行之配合運用。正確用之，則效果彰著，若運用錯誤，不僅效用不彰，更甚者會出現反效果。正统三元玄空要調理理氣星盤，多以五行生尅制化，用色、數、質、形之五行物象去催旺吉星或尅洩凶星。現舉一例子說明如下：

八運丙山壬向及八運午山子向，其山向星組合相同，只是宮位不同而已，假若丙山壬向之宅開乾門，而午山子向之宅開巽門，兩門皆為向星三碧及山星四綠。三碧五行屬木為蚩尤星，主口舌是非，遇四綠木為雙木成林，主昧事無常；開門主宅內人不睦，思想不清晰，如有小孩，主不聽話難教。一般情況下，可用火去化解，坊間師父多數提議宅主在大門處放一張紅色地毯，或在大門旁安裝長明燈，以五行火去洩三碧之木氣。在此，可以告訴諸位，丙山壬向之宅成效較顯著，而午山子向之宅卻效果不彰，究竟原因為何？

要調理該宮位之飛星理氣數，先看午山子向巽宮，內有向星三碧屬木、山星四綠木、運星七赤金及元旦盤四綠木，數理五行只有兩種、金和木。如要調理五行，則理論上只能用或動金和木而已，因宮內只有金和木兩種五行。要用「物象五行」火去洩三碧木，放一張紅色地毯或安裝長明燈有用嗎？物象如紅色地毯或長明燈會變成「理氣五行」之火嗎？如果會的話，那麼，木製大門屬木，其色啡屬土、形狀呈長方形屬木，如有鐵閘則屬金，鐵閘上有水波紋屬水、地下石屎屬土，木地板屬木，放上紅色地毯屬火……如此說來，該宮位五行生剋最後會變成怎樣呢？原則上，每種物件物象都具備五行，但「物象五行」怎樣去影響宮位理氣上之五行呢？剛才說宮內只有金和木兩種「理氣五行」，這是固定不變的，不是說放一張紅色地毯或安裝長明燈，宮內便會增加火之「理氣五行」。因此，在此宮位內放一張紅色地毯或大門旁安長明燈，是不能洩去理氣三碧之木氣的。物象不能創造「理氣五行」，但可增加宮內相同「理氣五行」的力量。

再看丙山壬向盤，乾宮內有向星三碧屬木、山星四綠木、運星九紫火及元旦盤六白金，數理五行有三種－金、木、火，要洩此宮內之三碧木，用火效果顯著，因本宮內已有「理氣五行」九紫火，加物象火之五行，可提升官內九紫火之力量，有助洩三碧木。再者，擺放風水物象，該物象最好有動象或色、數、質、形具備，效果將更顯著。就如上述例子，安放長明燈比放一張紅色地毯，效果更為顯著。

由此可見，運用「物象五行」調理風水，必須配合該宮位內之「理氣五行」才有效；反之，若該宮位沒有相應之「理氣五行」則擺放的「物象五行」效用不大。如要催動旺星八，八白五行屬土，原則上應以火去催旺之。因離宮本鄉屬火，已存在火之「理氣五行」，所以午山子向之離宮八白較容易催旺，只要放五行屬火之物象，便可催動旺氣；反之，在丙山壬向，因為八白向星在坎宮，宮內全無五行屬火之理氣，即使放置五行屬火之物象，也不能催動旺氣。

流年紫白星入宮，當以「理氣五行」來計算，流年紫白飛星來得急且強，除本身星曜吉凶外，還要計算其五行入宮後，對宮內各星曜五行生尅之變化，才能決定最後之佈局。坊間流年書籍，大多只針對流年飛星吉凶及其五行來催旺化煞，見二黑用金化之，見三碧則用火化之；見四祿用木催之，見九紫則用火催之。先不論其有效與否，這種方法忽略了原局星曜五行的生尅，在某程度上，是非常危險的。如流年二黑飛到，雖然理論上能用金去化解，但原局為六七交劍煞，反而會催動血光之災；又如流年九紫飛到，理論上應用火去催旺，但原局乃二五交加，則變成催動災禍，後果不堪設想！因此，在此奉勸諸位，切勿盲目跟隨流年書刊放置風水物象。

以上只是擺放風水物象去催旺化煞的其中一個要點，其實，要有效催旺化煞，需兼顧許多三元玄空風水學理。舉個例子來說，離宮見交劍殺，流年九紫挨到，正法本應用水去化解；可是，離宮為火鄉，流年九紫火火氣溢盛，用水果真有效嗎？抑或改用火去尅制交劍殺，更為合適呢？用火可催旺流年九紫星，但火太盛，會否過猶不及，產生反效果呢？要準確使用玄空五行化煞催旺，必須先理解全盤飛星組合，其次看山向星配合內外巒再論定其吉凶及力量，繼而看流年飛星及神煞加臨，最後結合運星、天心、元旦盤之五行生尅綜合判斷，才能準確計算出「落藥」的方法及其份量。

讀者若進一步了解宮內化煞之義，可參考作者另一本著作《玄空風水心得（二）——沈氏玄空學研究心得》內一卦三山理論研究一章。

圖十三：八運丙山壬向

T

2 5 七	7 9 三	9 7 五
1 6 六	3 4 八	5 2 一
6 1 二	8 8 四	4 3 九

↓

圖十四：八運午山子向

T

4 3 七	8 8 三	6 1 五
5 2 六	3 4 八	1 6 一
9 7 二	7 9 四	2 5 九

↓

八白放水的疑惑

筆者替人勘察風水，偶有特別案例，會定期聯絡宅主跟進情況。一般來說，經過風水佈局後，就算不能有所改善，亦不會越來越差。但筆者早年有數個案例竟有此情況，遂嘗試使用不同星盤去尋求原因。例如用當元元運代替建築元運起星盤，又以不同定向（門向、局向等）星盤去驗證，但皆不能得出滿意的答案。

其中一個個案，是一間商舖，六運辰山戌向（圖十五）（因為這篇文章旨在探討學理，所以不便把個案資料詳細列出），二零零五年八運時勘察，星盤是雙星到坐格局，門開在乾宮，向星八白到宮，理應不俗。筆者當時於戌位安動水，希望可催動吉星，增加生意，但可惜事與願違。究竟哪裡出錯呢？本以為七運入囚，宅運已經終結；如用七運盤，八運時又入囚；若用八運盤，財星上山又是否合適呢？但實際情況是，筆者將動水移往兌宮後，生意情況稍有改善。如用七運

圖十五：六運辰山戌向

6 6 五	1 2 一	8 4 三
7 5 四	5 7 六	3 9 八
2 1 九	9 3 二	4 8 七

圖十六：七運丙山壬向

3 2 六	7 7 二	5 9 四
4 1 五	2 3 七	9 5 九
8 6 一	6 8 三	1 4 八

或八運盤推算，按理不應有此結果。

另一個個案是一間住宅村屋，七運丙山壬向（圖十六），宅主於二零零六年初入住，大門在坎宮。遷入前，宅主曾找師傅勘察風水，該師傅在坎宮置動水，但入住後半年，宅內人疾病不斷，財運亦差。筆者當日到達該村屋，外巒不見特別凶煞，由於遇過相似案例，筆者著宅主將門前坎宮動水移走，並以流年風水佈局去改善宅內清況。

某天翻閱《沈氏玄空學》，在看完一陰宅例子後，豁然大悟，現把該陰宅例子抄錄如下：

柳塘橋張姓祖墓　申山寅向　一運遷

此局艮方有大水放光，乾兌二方亦有清水映照。

仲山曰：「初年立寅向不利，至五六運大旺財丁，交七運後，丁稀、財退，蓋運不得令，星亦不得令，兼有男女淫亂之醜。」

沈注：「一白遷此地，向上水光反主凶險不利，五六運入乾兌二宮之水，是以大旺財丁。交七運，向星入中（指向上飛星之七言），星不得令也，一白七到向，運不得令也，向首四七，主女淫，客星一白到向，主男淫。觀此可知，旁氣一通，亦主四十年財丁，學者以此局為法可也。」

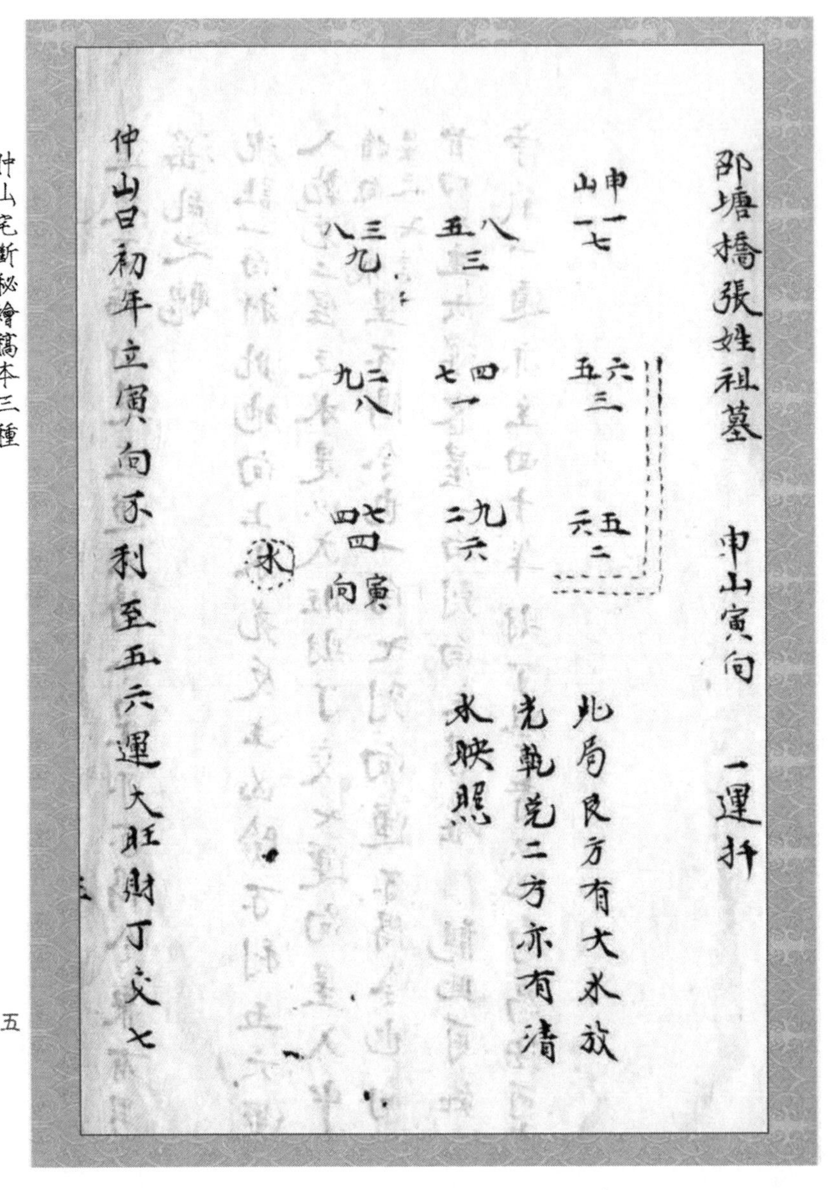
邵塘橋張姓祖墓　申山寅向　一運扦

申山 一 一七　六 五三　五 六二
八 五三　四 七一　九 二六
三 八九　二 九八　七 四四　寅向
水

此局艮方有大水放光執兑二方亦有清水映照

仲山日初年立寅向不利至五六運大旺財丁文七

仲山宅斷秘繪稿本三種　五

摘自《仲山宅斷秘繪稿本三種》，見《增廣沈氏玄空學 附 仲山宅斷秘繪稿本三種、自得齋地理叢說稿鈔本》，輯入《心一堂術數古籍珍本叢刊 · 堪輿類 · 沈氏玄空遺珍》，經已出版。

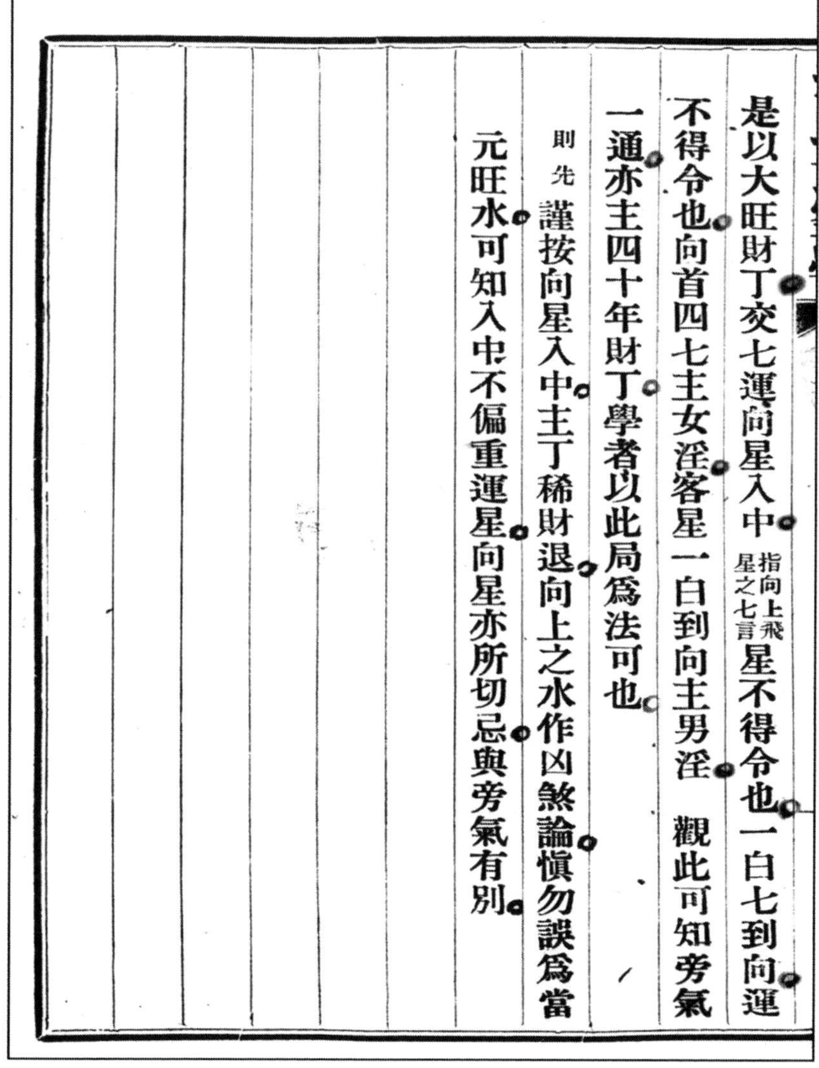

心一堂術數古籍珍本叢刊　堪輿類　沈氏玄空遺珍　二四六

是以大旺財丁交七運向星入中（指向上飛星之七言）星不得令也一白七到向運不得令也向首四七主女淫客星一白到向主男淫　觀此可知旁氣一通亦主四十年財丁學者以此局爲法可也

（則先）謹按向星入中主丁稀財退向上之水作凶煞論愼勿誤爲當元旺水可知入中不偏重運星向星亦所切忌與旁氣有別

摘自《增廣沈氏玄空學・卷三》，見《增廣沈氏玄空學 附仲山宅斷秘繪稿本三種、自得齋地理叢說稿鈔本》，輯入《心一堂術數古籍珍本叢刊・堪輿類・沈氏玄空遺珍》，經已出版。

則先謹按：向星入中，主丁稀財退，向上之水作凶煞論，慎勿誤為當元旺水，可知入中不偏重運星，向星亦所切忌，與旁氣有別。

重點在「王則先」一段，雖然只有短短數句，但已透露了玄空學說一重大秘密。

原來向首向星入中，為入囚失令（和當元星盤論不同，如八運八到向首為得令），見水反主凶。但只在向首的情況下，才能下此結論，如在其他宮位，反主旺財。就筆者第二個案例而言，七運丙山壬向，到八運時，坎方八白向星見水，主敗，因水在向首方，八白向星於八運時為向首向星入中。但若為七運午山子向，或丁山癸向，八運時離方八白向星見水，則主大旺。這就是向首和其他各宮之別。因此，切記不可單憑當元向星便斷定見水必旺。已故近代玄空名師孔昭蘇之《孔氏玄空寶鑑》及其徒吳明光先生的著作《地靈探原》，亦提及此道理。《沈氏玄空學》實為玄空學說中之經典著作，筆者已將之翻閱十數次，每一次都有新的得着。尤其《陰陽二宅錄驗》①一章，字裡行間每每透露玄空秘密，諸位若能遂字咀嚼深究，必定有所得着。

---

①編按：《陰陽二宅錄驗》，即《仲山宅斷》，是沈氏破譯無常派玄空秘訣的關鍵。據虛白盧主人考證：章仲山之孫章品咸，於【清】同治十二年（一八七三年）重刊《心眼指要》（輯入《心一堂術數古籍珍本叢刊・堪輿類・無常派玄空珍秘》，經已出版），章品咸後序云中透露祖父章仲山公開刊刻著述中「語多隱奥」，尚有遺稿《陰陽二宅錄驗》未曾公開。相信當時沈竹礽，便是看到這個後序，在光緒戊寅（一八七八年）去尋訪章氏後人，重金借抄《陰陽二宅錄驗》後悟出挨星之秘（事見《增廣沈氏玄空學》）。據虛白盧藏《二宅玄機》（即將出版）中章仲山之孫序，《陰陽二宅錄驗》原書輯入了二種章仲山宅案秘稿：《臨穴指南》（虛白盧藏本，輯入《心一堂術數古籍珍本叢刊・堪輿類・無常派玄空珍秘》，經已出版）、《二宅玄機》。而當時沈竹礽重金借抄的，相信是《陰陽二宅錄驗》原書的一部份：《臨穴指南》節錄本。

沈氏《仲山宅斷》，在沈氏門人中一直秘傳幾種鈔本及批點本。民國鉛印《增廣沈氏玄空學》只是其中一個版本。心一堂出版了另四種秘傳版本，其中三種見《增廣沈氏玄空學 附 仲山宅斷秘繪稿本三種、自得齋地理叢說稿鈔本》（輯入《心一堂術數古籍珍本叢刊・堪輿類・沈氏玄空遺珍》，經已出版），另一種《沈註章仲山宅斷未定稿》殘本，見《沈氏玄空挨星圖》《沈註章仲山宅斷未定稿》《沈氏玄空學（四卷原本）》合刊（輯入《心一堂術數古籍珍本叢刊・堪輿類・沈氏玄空遺珍》，經已出版），四種《仲山宅斷》鈔本的文句、圖例都有不少異文，部份保留了章仲山原注中後來被刪去的文字，另有批點本，更是畫龍點睛、披肝露膽，點破秘訣，「沈氏玄空派」學者不可錯過。學者再進一步深入研究章仲山宅案秘稿：《臨穴指南》、《二宅玄機》，必定有所得着。

父母三般卦之秘

《沈氏玄空學》卷六姜垚〈從師隨筆〉一章，有一節內容如下：

乙酉（二運）春，先生為商姓葬一地，用艮山坤向。余等私議，以為上山下水且犯他害（即反伏吟），不知何故用此失時之山向。竊問師。師微笑。但言日後君輩看其如何可也。未數年，商姓丁財貴三者皆備。是年冬，又為王姓扦一地，亦用此山向，而王姓家道亦日見興盛。余再三問之，師但笑而不答，未知此何術也。（則按二運艮坤坤艮全局合成三般卦，故吉。）

先看二運艮山坤向飛星圖（圖十七），當運向星二飛到坐山，而當運山星二飛到向首，為上山下水之凶局，且山星五入中，是全盤犯伏吟之局。古人扞葬，巒頭必以前見水，後見山為確，上例若為倒騎龍格局，山向飛星配合巒頭山水，按理以姜垚的功力，足以自行定斷，不需奉詢其師。再者，文中說「余等私議」，可知蔣公膝下幾個弟子也不知道立此坐向的原由。現可推斷此地巒頭是坤方見水及艮方見山，何以蔣公弟子對此局甚為疑惑呢？原因是局在巒頭和理氣來論，皆凶。巒頭背山面水，似為吉，實則此地零正神反背，不以吉論，二運時應以艮方見水為正神正位裝，撥水入零堂。在理氣上來說，二運的艮山坤向，為上山下水坐向，且山星五黃入中順飛，為山星全局犯伏吟。另一疑問是，為甚麼蔣公不左轉十五度去立丑山未向？此坐向在二運，為旺山旺向，又配合巒頭。先假定此地沒有甚麼特別的巒頭去呼應艮山坤向之飛星，否則姜垚或其他弟子已了然於胸，而不會滿腹疑惑。

圖十七：二運艮山坤向

4 7 一	9 3 六	2 5 八
3 6 九	5 8 二	7 1 四
8 2 五	1 4 七	6 9 三

蔣公數年後，又為一王姓人家扦一地，同樣立艮山坤向，相信巒頭亦坤方見水，艮方見山，故姜垚及其師兄弟有相同的疑惑。此兩墳亦證實葬後皆吉。直至姜垚著《從師隨筆》時，還未知悉箇中原因！其後，王則先簡單地加上按語，謂「二運艮坤坤艮全局合成三般卦，故吉」。筆者認為此說值得商榷，亦深信蔣公立此艮坤向，應比立丑未旺山旺向為佳。坊間師父指父母三般卦之吉，多配合倒騎龍之局，但此局不然。父母三般卦，或可解上山下水及全盤伏吟之凶，但現在巒頭山水又反背，大地零正又不合，父母三般卦真的可解之，並化凶為吉？難道父母三般卦才是玄空飛星最大秘局？比七星打劫及乾山乾向水朝乾四大秘局更厲害？立父母三般卦而巒頭山水反背，已能丁財貴三者皆備，若再配合巒頭是倒騎龍局，豈不極吉？若父母三般卦果真如此厲害，何以後學未有詳加論述呢？

先看父母三般卦，正向連兼向共有二十局，分別為：

二運

坤山艮向、申山寅向、艮山坤向、寅山申向

四運

未山丑向、丑山未向

五運

坤山艮向、申山寅向、艮山坤向、寅山申向

六運

未山丑向、丑山未向

八運

坤山艮向兼未丑、坤山艮向、坤山艮向兼申寅。

申山寅向。

艮山坤向兼丑未、艮山坤向、艮山坤向兼寅申。

寅山申向。

由此可見，父母三般卦只在丑艮寅、未坤申山向和所有坐向皆為上山下水之局的情況下才有。這又引出一問題：若父母三般卦乃玄空大局，可解上山下水及全盤伏吟之咎，為甚麼蔣不立坤山艮向？同為父母三般卦且配合巒頭山水，局面不是更大嗎？原因何在呢？

讀者有否發現，二運艮山坤向，山向中宮，全為屬土之星卦，而本身宮位亦為土宮，這樣的組合，對於斗轉星移較為容易。若果告訴大家，在蔣大鴻眼中，二運艮山坤向實為向星二到坤，山星二到艮，且坤方為零神方（沈竹礽在《地理辨正抉要》[①]亦提及相關理論，文曰：「雙山雙向者，如現在二運用丑山未向，為到山到向之局，而向上有水，又為零神，其地無休咎矣。」又曰「三運離方為零神方」）諸位會相信嗎？但事實的確如此。以上二十局父母三般卦，亦只有二運艮山坤向及八運坤山艮向，才有此效果，當然亦要巒頭反背，才能成局。各位欲參透箇中玄機，必須深入研究沈氏及章氏之飛星學理，宜多了解其飛佈運作及原因，例如：為甚麼城門方位要運星入中再飛佈一次？與坐山及向首運星入中飛佈關係如何？山向星可否入中再飛佈？甚麼情況下要再飛佈一次？以上疑團，於沈氏及章氏著作中，其實已有論斷，諸位細心研讀，定必有得着。

① 《地理辨正抉要》，輯入《心一堂術數古籍珍本叢刊・堪輿類》，經已出版。

地理辨正抉要

錢塘沈紹勳竹礽著

青囊序 曾文辿著

豫章書云。曾文辿。雩都崇賢里人。師事楊筠松。凡天文讖緯黃庭內景之書。靡不根究。尤精地理。梁貞明至袁州萬載。愛西山之勝。謂其徒曰。死葬我於此。卒如其言。後其徒忽見于豫章。歸啓其柩。無有也。所著有八分歌二卷。 名勝志。曾文辿墓在萬載冠邱山。 宋史藝文志。曾文展八分歌一卷。 鄭樵通志藝文略。別載有曾氏青囊子歌一卷。又楊曾二家青囊經一卷。 按此卷名青囊序。疑卽青囊子歌。文體係歌訣。卷帙又相符。可證也。蓋術人之書。往往喜改易書名。不可枚舉。然此書在形家言中。條理明晰。亦一可讀之書也。

地理辨正抉要 青囊序 一

一七

［清］沈竹礽《地理辨正抉要》，輯入《心一堂術數古籍珍本叢刊·堪輿類》，心一堂出版。

筆者在過往十多年間，斷斷續續在一些雜誌及風水學會會刊內發表風水文章。現將其中有代表性的從新校對及整理，希望為大家帶來新啟發。

坐向線度反吟伏吟

玄空飛星論反伏吟，除了星盤內飛星犯反伏吟外，還有一類反伏吟，即「坐向線度犯反伏吟」，這屬於分金一類，於《沈氏玄空學》卷二〈論分金〉一章有詳細論述。其中最為精要的，是〈沈公祖綿謹案〉一段，現節錄如下：

祖緜謹案，先君一二運子山午向二圖，係將山向中宮之飛星，配成內外卦爻，與先天六十四卦之卦爻相校，如前圖一運山為晉卦，向為坎卦，中宮為需卦，與六十四卦中之乾坤姤復四卦之爻相校，無反伏吟者用之，有則避之，蓋六十甲子分金，重在虛則補母，實則瀉子二語。所謂知化氣也。六十四卦分金重在避反吟伏吟，各有至理不可偏廢者也。

文內提及六十甲子分金，這是另一個課題，留待下次再跟讀者研究。

假若立一坐向，然後挨排玄空飛星盤，將向星配卦排於上方，名曰上卦，再把山星配卦排於下方，名曰下卦，這樣便得出六十四卦名稱。例如向首向星為八白，山星為二黑，八為艮卦，艮為山，安在上卦位，而山星二為坤卦，坤為地，安在下卦位，配合成六十四卦之「山地剝卦」。飛星盤上八個宮位，包括中宮，均以這樣配成六十四卦名。現在把向星和山星配成的六十四卦的名稱及其在羅庚上之排列列出，以供參考（見圖十八及圖十九）。

但有一點要注意因五黃是沒有卦的，如果遇五黃之數，便要參考各

圖十八：向星與山星配成六十四卦名稱表

山星＼向星	乾天六	兌澤七	離火九	震雷三	巽風四	坎水一	艮山八	坤地二
乾天六	乾為天	澤天夬	火天大有	雷天大壯	風天小畜	風天小畜	山天大畜	地天泰
兌澤七	天澤履	兌為澤	火澤睽	雷澤歸妹	風澤中孚	水澤節	山澤損	地澤臨
離火九	天火同人	澤火革	離為火	雷火豐	風火家人	水火既濟	山火賁	地火明夷
震雷三	天雷无妄	澤雷隨	火雷噬嗑	震為雷	風雷益	水雷屯	山雷頤	地雷復
巽風四	天風姤	澤風大過	火風鼎	雷風恆	巽為風	水風井	山風蠱	地風升
坎水一	天水訟	澤水困	火水未濟	雷水解	風水渙	坎為水	山水蒙	地水師
艮山八	天山遯	澤山咸	火山旅	雷山小過	風山漸	水山蹇	艮為山	地山謙
坤地二	天地否	澤地萃	火地晉	雷地豫	風地觀	水地比	山地剝	坤為地

運飛星盤，例如七運盤的五黃便屬於七赤兌卦，八運盤的五黃便屬於八白艮卦，餘此類推。

圖十九

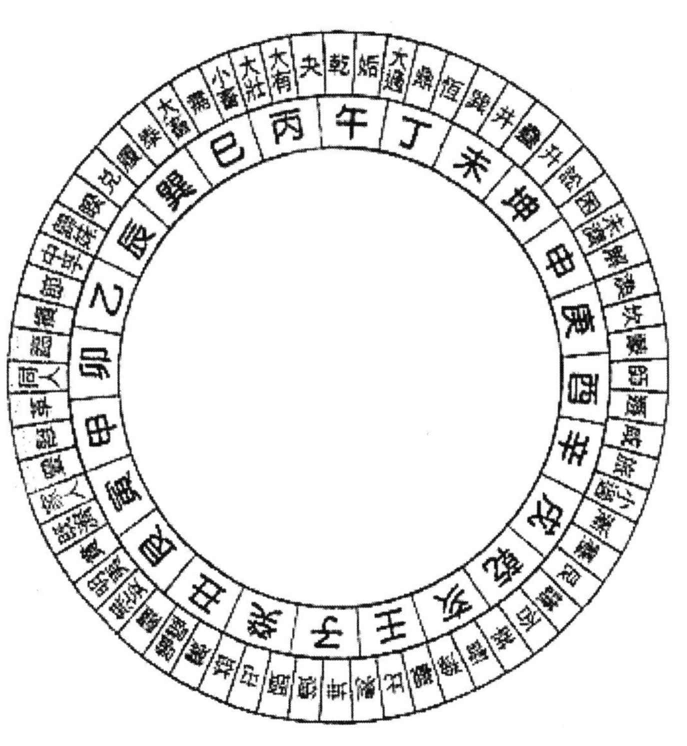

論「坐向線度犯反伏吟」只須看坐山、中宮及向首。把由坐山、中宮、向首等山向星組成之六十四卦做綜卦及錯卦，如山向星組成之卦犯了綜卦，就是「犯伏吟」；山向星組成之卦犯了錯卦，就是「犯反吟」了。「綜卦」是指山向星組成的六十四卦六爻卦，把原本六爻卦的初爻放在上爻位置、把二爻放在五爻位置、把三爻放在四爻位置、把四爻放在三爻位置、把五爻放在二爻位置、把上爻放在初爻位置，上述所變出的新卦，便稱為「綜卦」，即「伏吟卦」，簡單的說，是把原來之六爻卦上下倒轉，便成「綜卦」。「錯卦」是指山向星組成的六十四卦六爻卦，把六爻卦陰陽互轉，即原本陽爻變作陰爻，原本陰爻變作陽爻，所得出之新卦便稱為「錯卦」，即「反吟卦」。

利用以上的資料，便可以觀察所立的坐向線度有，沒有犯反伏吟，現以《沈氏玄空學》所舉的「一運子山午向來」講解：（見圖二十）

圖二十：一運子山午向

訟 5　6 九	坎 1　1 五	頤 3　8 七
大過 4　7 八	需 6　5 一	小過 8　3 三
明夷 9　2 四	晉 2　9 六	中孚 7　4 二

向首山向飛星為一一，山向星組成坎卦，其伏吟亦為坎卦，反吟則為離卦。中宮山向飛星為六五，山向星組成水天需卦，其伏吟為天水訟卦，而反吟為火地晉卦。坐山山向飛星為二九，山向星組成火地晉卦，其伏吟為地火明夷卦，而反吟為水天需卦。因此，當一運立子山午向的時侯，

要避開此等反伏吟卦線，幸好子山午山內之六十四卦並沒有以上反伏卦。

現再以七運子山午向來演算。（見圖二十一）

圖二十一：七運子山午向

井 4　1 六	遯 8　6 二	大畜 6　8 四
睽 5　9 五	復 3　2 七	渙 1　4 九
革 9　5 一	兌 7　7 三	豫 2　3 八

向首山向飛星為八六，山向星組成天山遯卦，其伏吟為雷天大壯卦，而反吟為地澤臨卦。中宮山向飛星為三二，山向星組成地雷復卦，其伏吟為

山地剝卦，而反吟為天風姤卦。坐山山向飛星為七七，山向星組成澤卦，其伏吟為風卦，而反吟為山卦。所以如七運立子山午向的時侯，要避開此等反伏吟卦線，查子山午山內之六十四卦，午山內有姤卦，主犯反吟，因此七運子午向，其坐向線位忌在姤卦內，即0度至5.625度。其他各運各山向也可用這個方法去查看所立卦線分金之線度，有沒有犯反吟或伏吟。

犯反伏吟卦線坐向的住宅，宅內的人會較多病痛。筆者十多年前把七運及八運下卦各山向會犯反伏吟之卦線列出，現列出給大家參考（見圖二十二）。圖表內亦把三八四爻會犯反伏吟之爻線一併列出。六十四卦每一卦可再細分六卦爻，其變化是把原有六十四卦之卦爻陰陽互變而成一個新卦，每次變一爻，從原卦初爻開始至上爻，一共變化六次，成為六個新卦。六十四卦共變出三八四卦爻，至於其排列方法，請參閱本刊筆者另一文章。要查證是否犯了反伏吟卦線，方法與六十四卦一樣，先起出飛星盤，把向首、中宮及坐山山向飛星配卦，再變出綜卦及錯卦，若其坐向線位的三八四卦爻犯了綜卦及錯卦，便犯了反吟或伏吟。

圖二十二

	坐向	犯反伏吟 忌坐向下列各卦	三八四爻忌下列各爻					
七運山向	丙山壬向	—	萃	巽	艮	謙	小畜	无妄
	午山子向、丁山癸向	—	无妄	萃	謙	小畜	巽	艮
	未山丑向	巽、噬嗑	巽	艮	困	噬嗑	節	豐
	坤山艮向、申山寅向	困	節	豐	困	噬嗑	巽	艮
	庚山甲向	蒙	升	大畜	鼎	蒙	漸	
	酉山卯向、辛山乙向	蒙	升	大畜	鼎	蒙	漸	
	戌山辰向	艮	巽	艮	大壯	臨	鼎	蒙
	乾山巽向、亥山巳向	艮	巽	艮	大壯	臨	鼎	蒙
	壬山丙向	大壯、剝	大壯	臨	剝	姤	巽	艮
	子山午向、癸山丁向	剝、姤	大壯	臨	剝	姤	巽	艮
	丑山未向	噬嗑、巽	困	噬嗑	節	豐	巽	艮
	艮山坤向、寅山申向	困	困	噬嗑	節	豐	巽	艮
	甲山庚向	—	蠱	家人	蹇	觀	遯	
	卯山酉向、乙山辛向	遯	蠱	家人	蹇	觀	遯	
	辰山戌向	蹇、艮	家人	蹇	无妄	萃	巽	艮
	巽山乾向、巳山亥向	艮、萃	家人	蹇	无妄	萃	巽	艮
八運山向	壬山丙向	—	震	兌	咸	益	鼎	蒙
	子山午向、癸山丁向	鼎、益	震	兌	咸	益	鼎	蒙
	丑山未向	震	豫	履	復	夬	震	兌
	艮山坤向、寅山申向	—	豫	履	復	夬	震	兌
	甲山庚向	—	訟	晉	咸	益	震	兌
	卯山酉向、乙山辛向	咸	訟	晉	咸	益	震	兌
	辰山戌向	蹇、睽	无妄	萃	家人	蹇	解	睽
	巽山乾向、巳山亥向	萃	无妄	萃	家人	蹇	解	睽
	丙山壬向	—	家人	蹇	損	恆	震	兌
	午山子向、丁山癸向	恆	家人	蹇	損	恆	震	兌
	未山丑向	震	豫	履	復	夬	震	兌
	坤山艮向、申山寅向	—	豫	履	復	夬	震	兌
	庚山甲向	—	損	恆	需	明夷	震	兌
	酉山卯向、辛山乙向	損	損	恆	需	明夷	震	兌
	戌山辰向	—	屯	革	鼎	蒙	大壯	臨
	乾山巽向、亥山巳向	—	屯	革	鼎	蒙	大壯	臨

玄空飛星抽爻換象

大部分學習玄空飛星風水的朋友，在勘察陽宅時大多只重方位而不重方向，但其實在深層學理中亦會運用。簡單來說，方位是指八卦方宮位，如乾宮、兌宮等。方向是指方向的角度，如向 90 度、275 度等。即使方向相同，方位也可以不同。例如大門向離方 182 度，但大門可以在巽宮、離宮、坤宮或甚至兌宮，要視乎單位的設計而定，當然，亦可以在單位內做內口去更改方位及方向。

玄空飛星風水所運用的方向，當然最基本是量度坐向，這是指屋向或碑向，根據量度出來的方向，結合宅的起造或墓之下葬元運便可起出飛星盤，再觀察內外巒以定吉凶。再精細一點，是計算坐向線位會否犯上反吟伏吟分金卦線。想勘察結果更準繩的話，則可運用抽爻換象去微調收氣方向（這通常是指碑向或門向），運用五行生尅去增強或減低飛星數吉凶。上述方法，從前的風水師傅視之為不傳之秘，非嫡傳弟子不傳。筆者曾遇到一位孔姓師傅運用「抽爻換象法」改門向，先不論在陽宅改門向線位的成效，但可證實一點，的確有師傅把這套方法運用於陽宅上。據知，上述孔姓師傅為已故玄空大師孔昭蘇之親屬後人。其實，筆者於數年前一個術數講座，曾介紹過這套玄空飛星抽爻換象的使用方法，現重新整理以供讀者參考研究。

玄空抽爻換象，換者，改變也，象即卦象，運用三八四爻分金五行去生旺或剋洩飛星數五行，以調整其吉凶強弱。首先要知道三八四爻在羅更上之排列法。知道正確的排列法十分重要。筆者知道有個別風水師傅監制羅庚時，會故意把某些卦爻排錯，目的是為了防止其他行家抄襲，若坊間出現犯有同樣錯誤的羅庚，該風水師傅便知道有人抄襲他的羅庚了。問題是，這些有誤差的羅庚會在坊間公開發售，這樣便會誤導其他使用者，因此筆者不應同這個做法。

三八四卦爻，是以六十四卦圓圖為基礎變化出來的，把每個六十四卦再細分六個線度，從初爻起至上爻每次變動一爻，一共變六次。變動是指陽爻變陰爻，陰爻變陽爻。這六個變爻，從初爻至上爻，可以依順時針或逆時針排列，其準則是根據原六十四卦的卦運決定。若為一、三、七、九運卦，依逆時針起初爻；如果是二、四、六、八運卦，則依順時針起初爻。六十四卦卦運是易卦派風水之學理，一九兩運卦為南北父母卦，二、三、四運卦為江西卦，而六、七、八運卦為江東卦，易卦派風水並無五運，只分上下兩元，由於這篇旨在介紹三八四爻在玄空飛星的學理，故易卦派風水原理在此不贅了，如讀者有興趣研究易卦派風水理論，可參考先賢孔昭蘇所著《孔氏易盤易解》。現把六十四卦各卦卦運列出以供參考（見圖二十三）：

圖二十三

星＼卦	貪一	祿三	巨二	文四	武六	輔八	破七	弼九
	乾	中孚	大壯	臨	夬	節	大有	損
	兌	需	睽	大畜	履	小畜	歸妹	泰
	離	頤	革	屯	豐	復	同人	益
	震	明夷	无妄	家人	噬嗑	賁	隨	既濟
	巽	訟	升	解	井	困	蠱	未濟
	坎	大過	蒙	鼎	渙	姤	師	恆
	艮	晉	蹇	萃	謙	豫	漸	否
	坤	小過	觀	遯	剝	旅	比	咸

三八四爻分金配飛星的運用方法，有以下幾個大原則：

一、飛星吉，宜生入（生）、比和（旺），忌剋入（殺）、生出（洩），尅出為平

二、飛星凶，宜生出（洩）、尅入（殺），忌生入（生）、比和（旺），剋出為平

三、陰宅以碑向，以向首飛星之向星五行比較生剋

四、陽宅以大門之所在宮位之向星來比較生剋

五、向星為主，三八四爻分金為客

六、向星五行以洛書五行，即後天一屬水；二、五、八屬土；三、四屬木；六、七屬金；九屬火

七、三八四爻分金，其上卦下卦用後天八卦數，五行用河圖先天即一、六屬水；二、七屬火；三、八屬木；四、九屬金

現舉一例說明之。一宅七運子山午向，大門在離宮向午方（圖二十四），離宮向星為六白，五行屬金，六白在八運時為退氣，宜生

圖二十四：七運子山午向，大門在離宮

午

↑

4 1 六	8 6 二	6 8 四
5 9 五	3 2 七	1 4 九
9 5 一	7 7 三	2 3 八

⊥

子

向首向星六白
五行屬金
六白在八運時為退氣，
宜洩、宜殺
五行宜見水、火

圖二十五

天風姤						乾為天					
火	金	金	水	水	水	水	水	水	金	金	火
7	9	4	6	6	6	6	6	6	4	9	7
4	4	4	1	8	6	4	9	7	6	6	6
金	金	金	水	木	水	金	金	火	水	水	水
上	五	四	三	二	初	初	二	三	四	五	上
×	×	×	✓	✓	✓	×	×	✓	×	×	✓

出及剋入，忌生入及比和。午向六十四卦有夬、乾、姤、大過四卦，現只以乾、姤兩卦來演算，根據其卦運，乾卦三八四卦爻之六個變爻以逆時針排列，而姤卦三八四卦爻的六個變爻則以順時針排列，其爻卦、卦數。五行請參看（圖二十五）。比對後，可改門向線位在乾卦之第三爻及上爻或姤卦之初爻、第二爻及第三爻上以中和向星六白所帶來不吉之氣。

再舉一例，一宅八運子山午向，大門在離宮向午方（見圖二十六），離宮向星為八白，五行屬土，八白在八運時為當元旺星，宜生入及比和，忌生出及尅入，同樣以午向乾、姤二卦來演算（見圖二十七），比對後，可改門向線位在乾卦之第三爻及上爻或姤卦之上爻、以加強向星八白所帶來之吉氣。

圖二十六：八運子山午向

午
↑

3 4 七	8 8 三	1 6 五	向首向星八白 五行屬土
2 5 六	4 3 八	6 1 一	八白為當運向星 宜生、宜旺、宜財
7 9 二	9 7 四	5 2 九	五行宜見火 五行忌見金

⊥
子

圖二十七

乾為天 ䷀						天風姤 ䷫					
火	金	金	水	水	水	水	水	水	金	金	火
7	9	4	6	6	6	6	6	6	4	9	7
6	6	6	7	9	4	6	8	1	4	4	4
水	水	水	火	金	金	水	木	水	金	金	金
上	五	四	三	二	初	初	二	三	四	五	上
✓	×	×	✓	×	×	×	×	×	×	×	✓

最後，筆者把孔氏後人勘察陽宅的案例和讀者分享。該宅為七運卯山酉向，大門開在離宮（見圖二十八），飛星數為向星五黃，極不吉。孔氏後人改內口於巽宮辰方，取向星一白，精彩處是改門向，使之向兌宮，取二十四山之酉向（見圖二十九）吉。至於用酉向的那個卦和那一爻，讀者可根據筆者上文所提供的方法自行推算。有讀者或會問，為甚麼要把門位改在辰方？在巽方、巳方可以嗎？又門向兌宮，為甚麼要在酉方？向庚方、辛方可以嗎？立以上方位及方向當然有其理由及學理，但屬於另一玄空飛星訣課題，留待下次再與讀者研究。

圖二十八：七運坐卯向酉，大門開在離宮

┤├

卯├ →酉

6 1 六	1 5 二	8 3 四
7 2 五	5 9 七	3 7 九
2 6 一	9 4 三	4 8 八

圖二十九

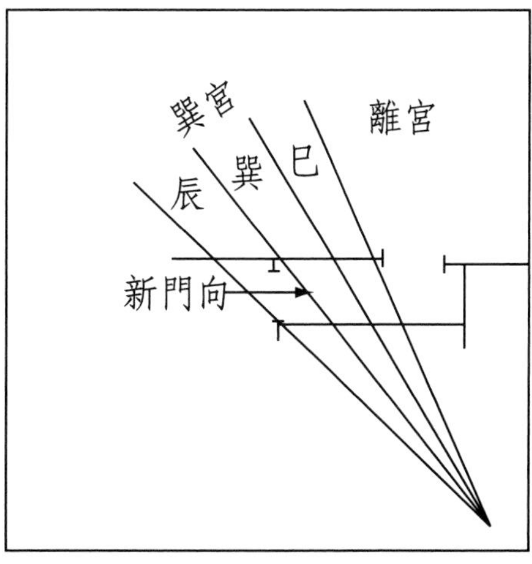

兼線研究

學習玄空飛星風水的朋友，相信也曾遇到一個非常疑惑的難題——「兼線、騎縫」。

先談兼線。據《沈氏玄空學》，一般立向在每卦山（每山有15度）中間九度以內，用下卦起星盤斷事。若立向超過中間九度，則須用兼線替卦，從姜垚（註：音堯）的《從師隨筆》中，蔣大鴻授「替卦歌訣」，後人改成以下簡易口訣：

子癸並甲申，貪狼一路行。
壬卯乙未坤，五位是巨門。
乾亥辰巽巳，連戌武曲名。
酉辛丑艮丙，天星說破軍。
寅午庚丁上，右弼四星臨。

兼線替卦起法，讀者可自行參閱《沈氏玄空學》，在此不贅。據筆者所知，坊間師傅對兼線用替卦起盤斷事有以下分歧。

分歧一：沈氏玄空一派主張立向超出每卦山中間九度範圍以外，便用兼線替卦起盤斷事，這派廣被坊間師父採用。

分歧二：立向超出每卦山中間12度範圍以外，才用兼線替卦起盤斷事。這一派較少師父採用。

分歧三：在一卦三山內，所兼山向同陰或同陽，則不管兼至什麼度數，亦不須用替卦，陰陽不同，才用替卦。這是無常派及中州派所傳。簡單地說，每卦有地元龍、天元龍及人元龍，天元龍與人元龍陰陽永遠相同，因此，立向在天元龍兼人元龍，或人元龍兼天元龍，便不須用替卦，沿用下卦挨星斷事即可。

地元龍兼同卦的天元龍，或兼鄰卦的人元龍，及人元龍兼鄰卦的地元龍，亦必須用兼線替卦起盤斷事，跟沈氏玄空相同。立向超過中間九度範圍以外，即作兼線論。

分歧四：完全不用兼線替卦。不管兼至什麼度數，照樣用下卦挨星盤斷事布局。這一派由近賢劉訓昇先生（陰陽學作者）所提出。其理論是：立向在一卦山中間三度內，準確性達百分百；若兼左兼右三度內，準確性則達百分之八十；若兼左兼右三度外至六度，準確性則只能達百分之六十左右。

各位讀者有否發覺，飛星派兼線替卦存在幾個疑問呢？

一、替卦歌訣只提到巨門、貪狼、武曲、破軍及右弼五顆星曜，但缺少了祿存、文曲以及左輔星。

二、二十四山向中，只有十三個山向有替星可用，其餘十一個山向下卦和替星也是同一天星，分別是子癸同用貪狼、戌乾亥同用武曲、酉辛同用破軍、未坤同用巨門及午丁同用右弼。

從九運替卦廿四山向二百一十六個星盤中，其中五十二個星盤與下卦星盤是相同的。邏輯上說不過去，而且和「各種術數皆由《易經》陰陽平衡學理變化出來」的大原則不符。

三、兼線替卦，不管兼左或兼右，亦同用一個兼線替卦盤斷事，於理不合。

合十法門

替卦歌訣，最早在楊公《青囊奧語》出現，內容只提到十二山向而已：

坤壬乙，巨門從頭出。
艮丙辛，位位是破軍。
巽辰亥，盡是武曲位。
甲癸申，貪狼一路行。

到蔣大鴻授其嫡傳弟子姜垚後，完整的二十四山替卦歌訣才出現。

但玄空大卦派極力排斥飛星派替卦歌訣，指出《青囊奧語》坤壬乙訣並不是指二十四山，而是指六十四卦。

第一句重點在巨門二運卦及左輔八運卦，玄空大卦講求合十（二八合十），因此二與八通。「坤壬乙，巨門從頭出。」指坤山之二運地風升卦、壬山之二運風地觀卦及乙山之八運水澤節卦。「艮丙辛，位位是破軍。」則指艮山之三運地火明夷卦、丙山之七運火天大有卦及辛山之三運雷山小過卦。

以上挨星口訣主要說明，卦運合十的連扣關係。若龍山向水能配得以上合十關係卦，又符合正零神黃白二氣，便是玄空大卦最上乘之法門。

潛藏問題

很可惜，卦運合十關係原理在第三句發生了問題，「巽辰亥，盡是武曲位。」武曲是六運卦，六與四合十，原應是指四運卦與六運卦合十關係。查坊間所有大卦書籍，均解釋這句歌訣為：「巽山之四運山天大畜卦、亥山之四運澤地萃卦及辰山之六運天澤履卦」。但讀者有否發現，辰山內並沒有天澤履卦，甚至連四運及六運 卦也沒有！

筆者並非想推翻「坤壬乙」一訣各派之理論，只是懷疑「坤壬乙」訣的準繩度。此派在流傳時是否出現了誤差呢？筆者認為，小心求證，是學習任何術數最基本的態度，而提出問題，正是求證的第一步，筆者將繼續尋求這問題的答案。

飛星派斷事法例子

騎縫或稱隔界線、空亡線，即立向剛好於兩字之間，為無向也。《飛星賦》云：「豈無騎線遊魂，鬼神入室，更有空縫合卦，夢寐牽情。」沈氏後人沈瓞民大師形容騎縫為：「空亡向，針落騎縫，恍惚人在飛艇中」，「空亡之向多鬼怪」。對於立騎縫線，飛星派亦有不同起盤斷事法（以七運坐壬子中線為例）：

一、起兩個下卦盤。以七運坐壬子中線為例，即坐壬向丙及坐子向午各起一個下卦盤。《宅運新案》便用這個方法合兩盤斷事（圖三十及圖三十一）。

二、起兩個兼線替卦盤，即坐壬向丙及坐子向午各起一個替卦盤，合兩盤星數斷事（圖三十二及圖三十三）。

三、以逆時針的一卦山起一兼線替卦盤論吉凶，坐壬子中線便起坐壬向丙之替卦。（據說與羅經差度，七政四餘之理有關）

以上三種方法何者較準確，筆者仍在研究當中，故暫不置喙。只能說筆者在風水勘察遇到兼線時，會使用沈氏玄空一派。筆者曾接觸數個騎縫案例，立向在騎縫線，因卦氣駁雜，宅運反覆，久住會發生

圖三十：七運坐子向午

4 1 六	8 6 二	6 8 四
5 9 五	3 2 七	1 4 九
9 5 一	7 7 三	2 3 八

圖三十一：七運坐壬向丙

2 3 六	7 7 二	9 5 四
1 4 五	3 2 七	3 9 九
6 8 一	8 6 三	4 1 八

圖三十二：七運坐壬向丙兼

9 3 六	5 7 二	7 5 四
8 4 五	1 2 七	3 9 九
4 8 一	6 6 三	2 1 八

圖三十三：七運坐子向午兼

3 1 六	7 6 二	5 8 四
4 9 五	2 2 七	9 4 九
8 5 一	6 7 三	1 3 八

悲劇凶禍。遇到立騎縫向之宅，最好即搬遷為上，因無法可解。

又騎縫線，飛星派以後天八卦隔界線為最凶。而玄空大卦派，則以子午卯酉乾坤艮巽正線之六十四卦隔界線為最凶，總之陰陽宅立向，不管那一派，切記莫犯騎縫線。

磁偏角與風水勘探

是篇文章是筆者同門師兄於某年聚餐時發表的，現經師兄同意發表，供各同好研究（該師兄博士現職香港天文台科學主任）。

二零零九年十月往大埔八仙嶺名穴「海螺吐肉」勘察，據碑文記載，坐坤向乾外墓向「姤卦吉爻」（圖三十四）（羅盤 180-185 度）用羅庚量度碑向，卻不是「姤卦」而是「大過卦」（187 度）！為甚麼呢？是前人資料錯誤，抑或自己量度錯誤？未探討原因前，先說說地球的磁場。

地球的磁場

地球和許多星球一樣，也有其內部磁場。地球的磁場簡稱地磁場。地磁場絕大部分（約99%）源於地球內部，其中包括來源於地球液體外核的佔地磁場主要部分的基本磁場（mainfield）及其隨時間緩慢部分的長期變化，還有一小部分來源於地殼磁性物質。還有不足1%的部分源於地球外部電離層和磁層中的電流體系，這部分稱爲地球的變化磁場，而這些電流體系在地球內部又可產生感應電流。感應電流產生的磁場會疊加在原有的變化磁場上，因此變化磁場中又包含了來源於地下的部分。

地磁場的分布形態

形象地說，在地球磁場的分佈形態就好像放在地心的大磁棒（磁偶極子）產生的磁場那樣。不過這個磁棒與地球的旋轉軸並不平衡，而是形成一個約11.5度的夾角，稱磁傾角（圖三十六）。

圖三十四

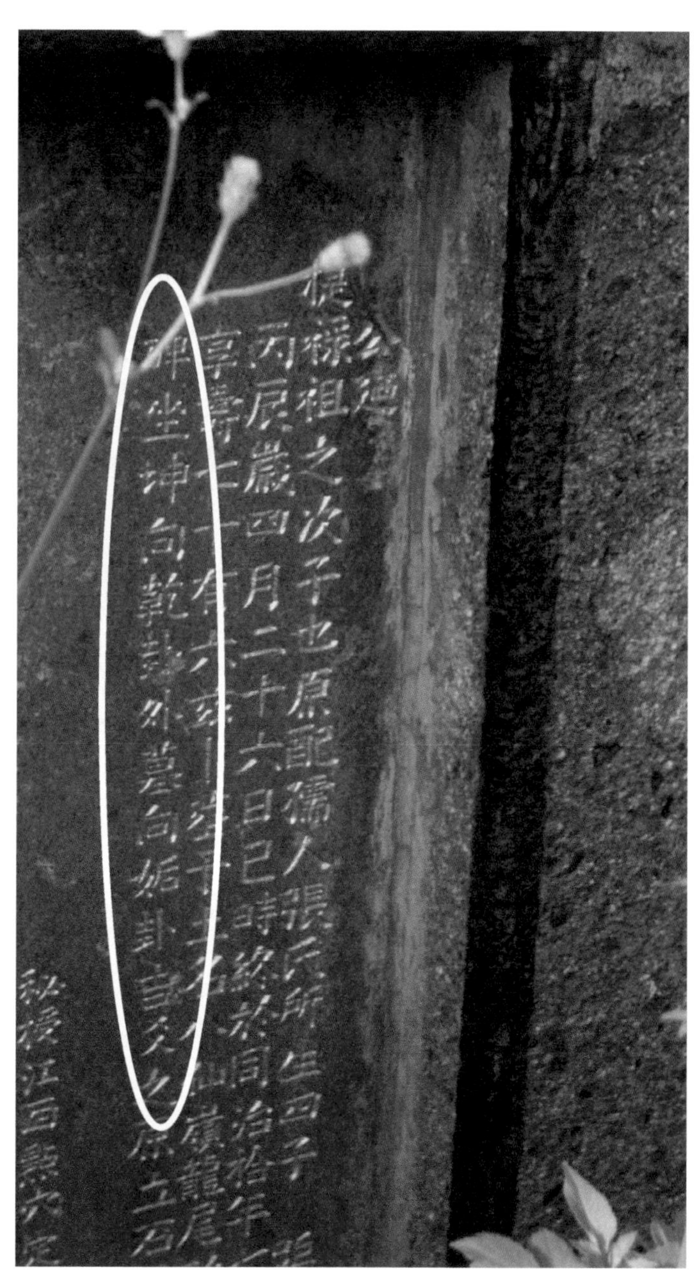
祿祖之次子也原配孺人張氏所生四子
丙辰歲四月二十六日巳時終於同治拾年
享壽七十有六葬于土名仙嶺龍尾
碑坐坤向乾卦外墓向姤卦

圖三十五：地球是一個大磁鐵

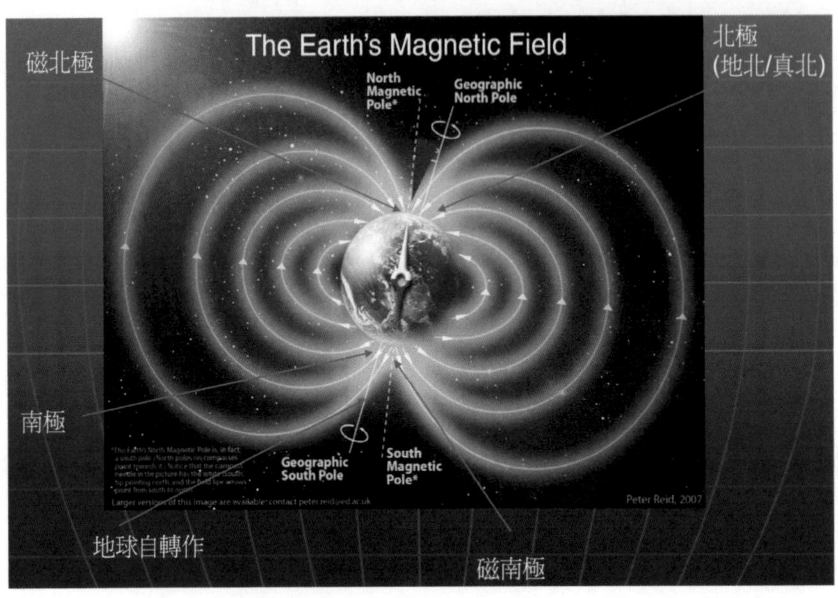

磁傾角（圖三十七）

地球磁場還有垂直分量，它與水平的夾角稱為「磁傾角」

「磁傾角」亦會影響羅盤的測量

磁偏角

北極星

M是"磁北"，N是"地北"
D是"磁偏角"

地北 N D M 磁北

"磁偏角"是指"磁北"偏離"地北"的角度

0
270
90
180

•例: 某地的羅盤指向爲33.0度，而當地的磁偏角爲 +3.0度，那麼當地的"地向"就應該在羅盤上30.0度的方向

•又例: 如某地的羅盤指向爲358.0度，而當地的磁偏角是-3.0度，那麼當地的"地向"就應該在羅盤上1.0度的方向 (358.0 – (-3.0) = 361.0 再除去360.0 的餘數爲 1.0度)

N = Mod (M - D, 360)

Mod(x ,360) 代表 x 除去360剩下的餘數

地球自轉軸

南

圖三十六

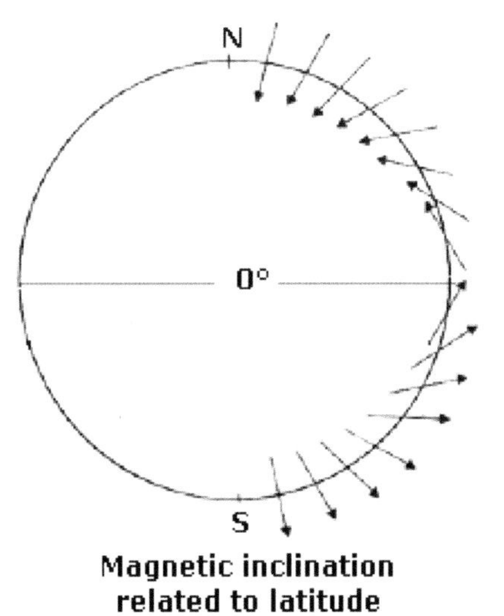

圖三十七：地球是一個大磁鐵

地球磁場主要由三個磁源疊加而成（圖三十八）：

● 在地心帶磁性的地幔

● 地表的磁礦分佈

● 太陽風的影響

圖三十八

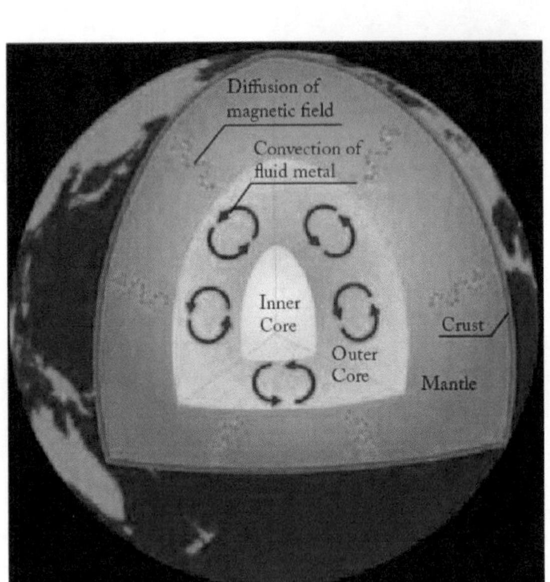

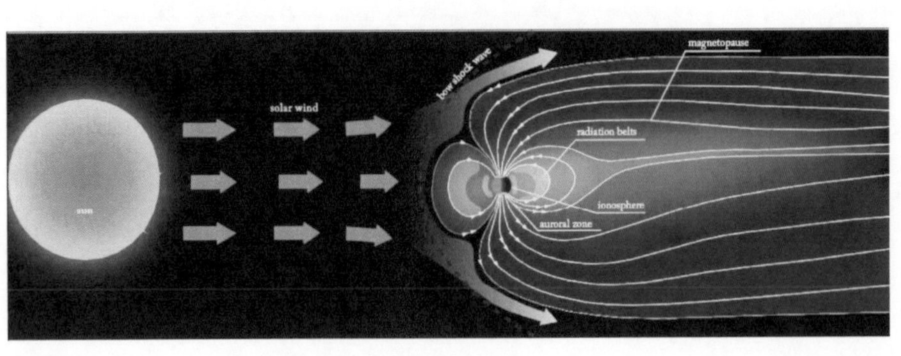

中國古代磁偏角紀錄

一零四一年司天監保章正楊維德在《塋原總錄》提到「客主的取，宜匡四正以無差，當取丙午針。於其正處，中而格之，取方直著正也。」意思是說，要定東西南北四正的方位，必須取丙午向的針，然後在丙、午位之間作平分，就是正南的方位。

這表示他當時已經發現地球的磁偏角，並將之定為正南偏東7.5度（+7.5°）。

一零八八年沈括在他的《夢溪筆談》中也談到「方家以磁石磨針鋒，則能指南，然常微偏東，不全南也。」

在西方最早有關磁偏角的測量，是由羅馬的 George Hartmann 在一五一零年發現的。而「磁偏角」這個名詞在一五八一年才見於西方典籍——由英國人 Robert Norman 撰寫的 "The New Attractive"。

由此可見，中國人發現「磁偏角」的現象比西方足足早了至少五百年。著名英國科學家、漢學家李若瑟更相信，中國早在公元七二零年已有磁偏角的紀錄（見《中國科學技術史．卷三．物理卷》）。

古時調校羅盤的方法（圖三十九）

宋代廖金精談到：「古者辨方位，樹八尺之臬，而度其日出之影，以正東西。又參日中之影與極星以正南北。《周禮．匠人》之制度繁難，智者用周公指南車之制，規以木盤，外書二十四位，中爲水池，滴水於其間，以磁石磨鋒浮於水面，則指南。然後以臬影較之，則不指正南，常偏丙位，故以丙午間對針，則二十四位皆得其正矣。用此以代樹臬，可謂簡便，真萬古不滅之良法也。」（見徐善繼、徐善述《地理人子須知》）

問題：為甚麼是 ±7.5°？

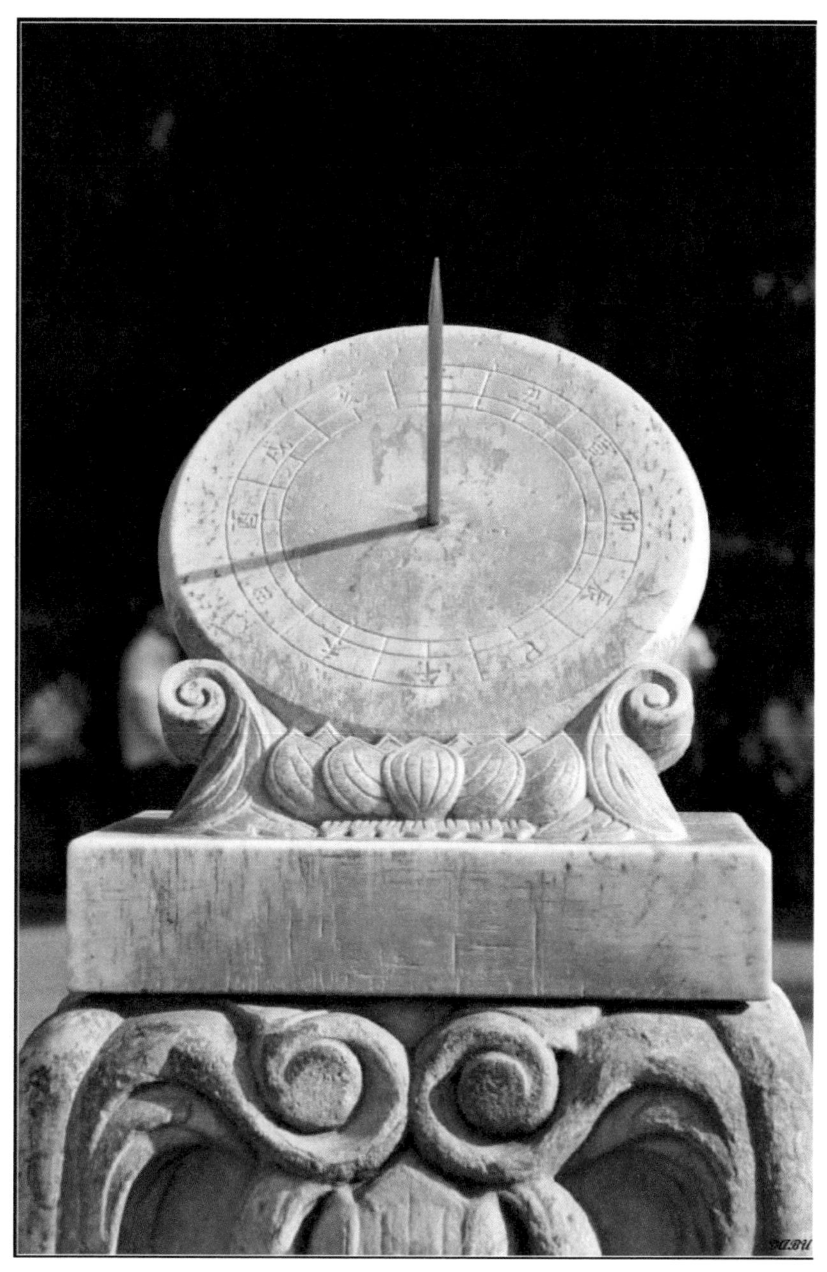

圖三十九：日晷

中國古代磁偏角變化

（圖四十）

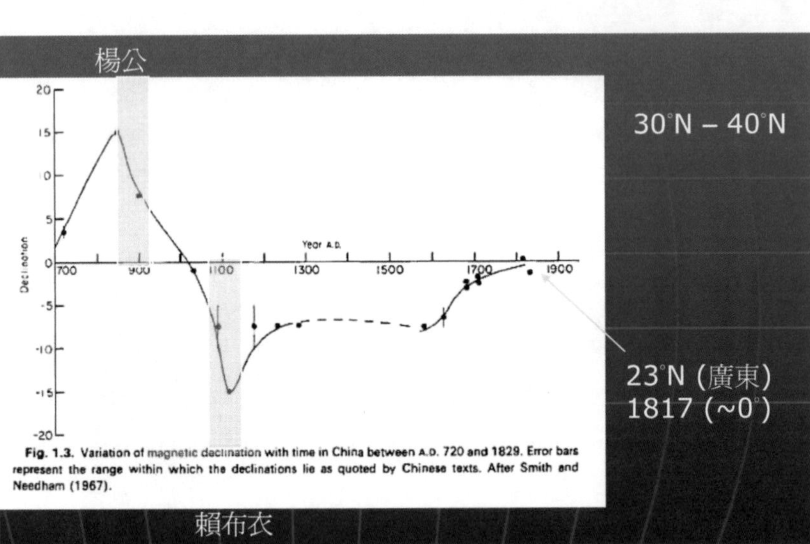

Fig. 1.3. Variation of magnetic declination with time in China between A.D. 720 and 1829. Error bars represent the range within which the declinations lie as quoted by Chinese texts. After Smith and Needham (1967).

圖中可見中國從公元八零零年到公元一二零零的磁偏角變化非常大，楊公與賴公身處的的年代，其磁偏角正負相反，而最高達15。，而15度的中間數正是7.5。！筆者有一奇想，羅經上的中針、縫針與正針相差左右各7.5。，可能是前賢知道磁偏差的存在，有意調校羅經去配合，而收砂、收水用中針、縫針可能也只是一個誤會，目的是為了修正當時的磁偏差角度而已。

南北磁場大反轉

地球的磁場曾經180度南北反轉

科學家估計，地球的磁場平均約數十萬年就會南北大反轉一次，而最近一次約在七十七至七十八萬年前發生。

香港磁偏角的變化（圖四十二）

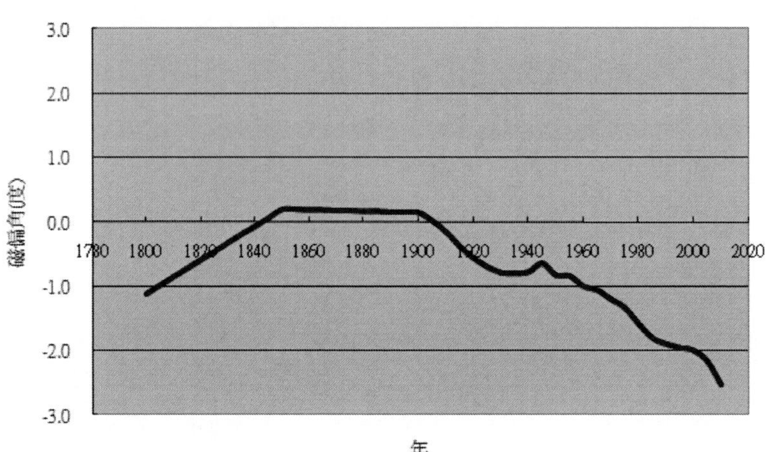

二零零九年為 -2.52 度，向西偏移 4 分 / 年

「海螺吐肉」勘探時碑文記載，該墳安於同治十一年，即西元一八七二年（上元一運），距今一百三十七年

二零零九年的磁偏角 = -2.52 度

一八七二年的磁偏角 = 0.17 度

地磁場在過去一百三十七年總共偏移 -2.69 度。是否就是這個原因呢？

筆者為人看風水，使用羅庚量度坐向時，會考慮每年的磁偏角，並加以調節，坊間師父會否使用，就不得而知了。

線位格局高低研究

熱愛研究「玄空飛星」風水的師兄弟們，都知道「飛星」有四大理氣格局：

一、到山到向

二、上山下水

三、雙星到向

四、雙星到坐

其中「到山到向」為最理想的線位格局，主旺財又旺丁，那麼是否搬進一間「到山到向」的陽宅便一定能丁財兩旺呢？答案當然是否定的了。因為最終還要配合「巒頭」、「室內格局」以及「命格」才能作準。

巒頭是指宅外附近的環境，若所住陽宅線位是「到山到向」，但外面環境可將之變成「上山下水」，即原本向方不見水而見山，坐方不見山而見水。這樣的外圍環境配合「到山到向』線位，反主丁財兩敗。

「室內格局」是指宅內的家居佈置、門、房、灶所在的方位等，假若門開在二黑病符位置，大門又直通窗户，爐灶又錯放在凶位上，雖得到「到山到向」線位，但仍不以吉斷。至於配合「命格」，是指宅內人的八字高低及行運情況。祖師有云：「一德、二命、三風水，四積陰功、五讀書」，品德、命與運的影響力確比風水較為重要。一個命好運好的人，住進一所「到山到向」的陽宅，當然可以發財丁；但一個命格普通而行好運的人，住進一間「到山到向」的陽宅，頂多只能成為達小康之家而已。而品德尤其重要，居處與風水往往暗合，如有神助，所謂福人而獲得福地。

談真假「到山到向」

但師兄弟們可能未必知道，除了上述三種影響「到山到向」真假及其格局高低的情況外，原來單論理氣，各「到山到向」的線位亦有格局高低之分。據《沈氏玄空學》論四十八局一章，「到山到向」之格局有真假之分，這裡所說的真假，是指格局的高低強弱而已。「真」者，表示「到山到向」格局力量較高，「假」者，表示「到山到向」格局力量較次，「真假」主要以旺向星所到之方來判斷。分析之前，先要了解先天八卦及其數序（圖四十二）。先天八卦數序為：乾一、兌二、離三、震四、巽五、坎六、艮七及坤八。

現舉二運乾山巽向為例（圖四十三）：

二運二為旺星，旺向星二黑到巽宮，巽宮先天位為兌，先天八卦數序為二，與二運旺星同，為之「真」到，因此二運內各「到山到向」線位，以乾山巽向（亥山巳向同）之線位格局力量較高。

圖四十二：先天卦及卦數

	一		
二	兌	乾	巽	五
三	離		坎	六
四	震	坤	艮	七
		八		

圖四十三：二運乾山巽向下卦盤

	巽	離	坤	
	4 [2] 一	8 6 六	6 4 八	
震	5 3 九	3 1 二	1 8 四	兌
	9 7 五	7 5 七	2 9 三	
	艮	坎	乾	

圖四十四：三運酉山卯向下卦盤

巽	離	坤
6 2 二	1 6 七	8 4 九
7 3 一	5 1 三	3 8 五
2 7 六	9 5 八	4 9 四
艮	坎	乾

（左：巽、震、艮；右：坤、兌、乾）

再以三運酉山印向為例（圖四十四）：

三運三碧為旺星，現三運酉山卯向旺向星三碧到震宮，震宮先天位為離，數為三，與三運旺星同，為之「真」到，所以三運內各「到山到向」線位，以酉山卯向（辛山乙向同）格局較高，力量較強。

圖四十五：七運辰山戌向下卦盤

巽	離	坤
7 9 六	2 4 二	9 2
8 1 五	6 8 七	4 6 九四
3 5 一	1 3 三	5 [7] 八
艮	坎	乾

左：震　右：兌

再以下元七運辰山戌向為例（圖四十五）：

七運辰山戌向旺向星七赤到乾宮，乾宮先天位為艮，先天數為七，與七運旺星七同，為之「真」到，七運各山向中，以辰山戌向線位格局最高。

另一種較次的「到山到向」格局，《沈氏玄空學》稱之為「假」到，七運中為戌山辰向。（圖四十六）旺向星七赤飛到巽宮，巽為先天兌位，兌後天數為七，與七運旺星同，是為「假」到。「假」到雖比「真」

圖四十六：七運戌山辰向下卦盤

巽	離	坤
9 [7] 六	4 2 二	2 9 四
1 8 五	8 6 七	6 4 九
5 3 一	3 1 三	7 5 八
艮	坎	乾

（左側：震；右側：兌）

到格稍遜，但是比七運其他「到山到向」線位如酉山卯向、辛山己向、卯山酉向及乙山辛向等格局，力量仍高一些，其他各運之「到山到向」，師兄弟們可自行推算。

《天心正運》①一書（華湛恩先賢著）亦有提及分辨線位格局高低的方法。相信各位也知道，天元龍及人元龍之下卦飛星盤是相同的，若單從理氣上分析，究竟天元坐向和人元坐向哪一線位比較高呢？現舉八運乾山巽向，亥山巳向下卦盤為例說明之。（圖四十七）

兩飛星盤皆為到山到向，向首為巽宮，五行屬木，現八白到向，八在元旦盤爲丑艮寅，坐乾向巽為天元龍。八天元龍為艮，艮五行屬土，與巽宮五行木相較為剋出，洩巽宮五行木之氣，故不以吉論。若為坐亥向巳，線位為人元龍山向，八到向而八之人元龍為寅。寅五行屬木，與巽宮五行木比和，以吉論。因此，雖然下卦盤一樣，但坐亥向巳比

①《華氏天心正運》，【清】華湛恩撰。輯入《心一堂術數古籍珍本叢刊・堪輿類・無常派玄空珍秘》，經已出版。

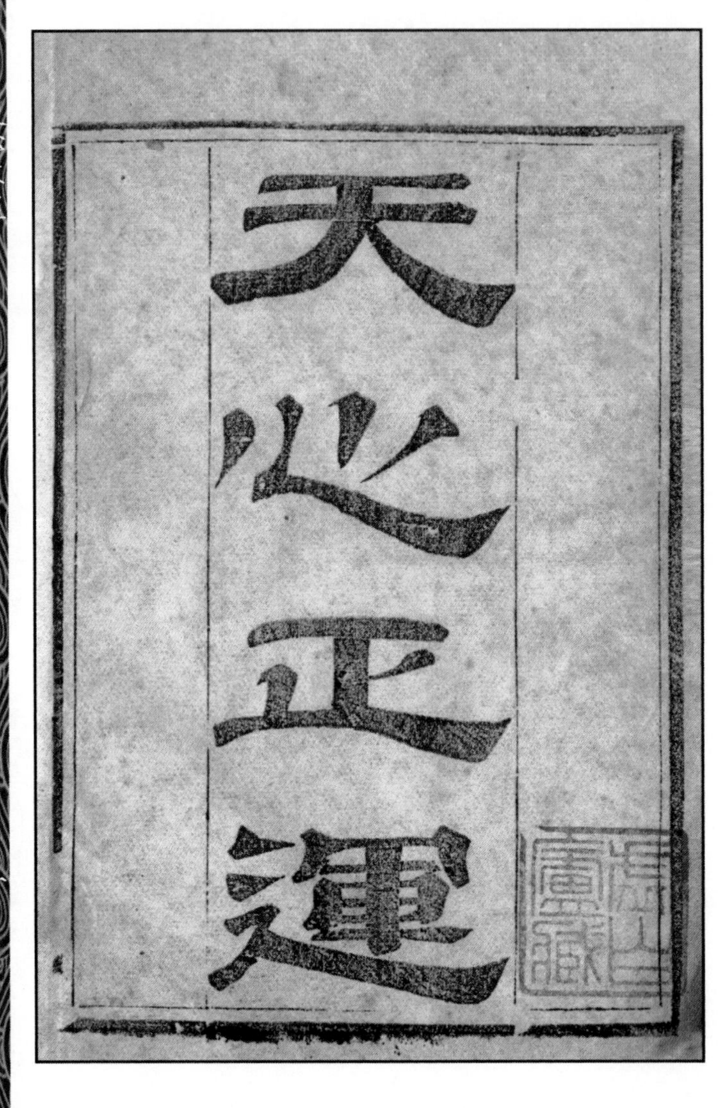

《華氏天心正運》，【清】華湛恩撰。輯入《心一堂術數古籍珍本叢刊・堪輿類・無常派玄空珍秘》，經已出版。

坐乾向巽格局較高，力量較大。據《人間天眼指南》①（即《宅運撮要》），這原理可適用於辨別各天元龍和人元龍山向線供格局之高低強弱。

圖四十七：八運乾山巽向、亥山巳向下卦盤

巽		離		坤
	1 8 七	5 3 三	3 1 五	
震	2 9 六	9 7 八	7 5 一	兌
	6 4 二	4 2 四	8 6 九	
艮		坎		乾

①《宅運撮要》，輯入《心一堂術數古籍珍本叢刊・堪輿類・無常派玄空珍秘》，經已出版。

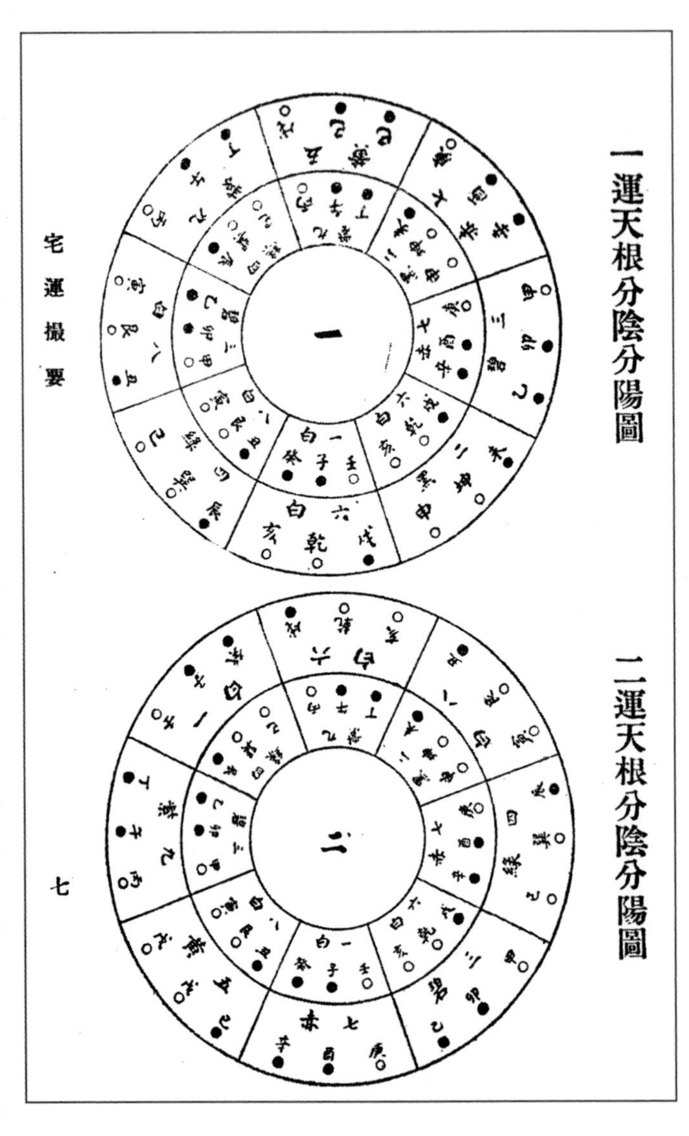

《宅運撮要》，輯入《心一堂術數古籍珍本叢刊・堪輿類・無常派玄空珍秘》，經已出版。

再舉八運坐子向午，坐癸向丁下卦盤為例（圖四十八）：兩山向下卦盤是相同的，哪一條線位格局較高呢？重點是看旺向星八白與向首離宮位五行之生剋。向首離宮屬火，現向星八白到向，八為丑艮寅，天元線向八為艮，艮五行屬土，離宮火生土為生出。洩離宮之氣，故

圖四十八：八運子山午向、癸山丁向下卦盤

巽	離	坤
3 4 七	8 [8] 三	1 6 五
2 5 六	4 3 八	6 1 一
7 9 二	9 7 四	5 2 九
艮	坎	乾

（左：震；右：兌）

不以吉論。人元線向八為寅，寅五行屬木，木生旺離宮五行火，為生入，可以吉論之。因此，八運癸山丁向較子山午向格局較高。

以上提及分辨線位格局高低的兩種方法，純以理氣方面去判斷，最終仍須配合巒頭、室內格局以及人命才能準確判斷。

當運得配之宅

二零一零年初，筆者到港島柴灣一家宅勘察風水，單位坐向為七運午山子向（圖四十九、圖五十）。陳姓夫婦於零八年初入住，入宅前已找其朋友勘察風水，其友人指此宅極適合陳姓夫婦居住，大門及主人房門皆為文昌門，對其事業有極大助力。恰巧宅主要應付一次非常重要的考試，成績理想的話，其事業便可更上一層樓。

開一四文昌門，睡一四文昌房，枕一四文昌宮位，怎樣看也應沒有問題吧！當然，諸位也猜道事實並非如此！否則，筆者亦不會到該單位再勘察風水。實際情況是，陳先生過去兩年也未能通過考試。陳先生是一位腦科醫生，在行內頗有盛名。陳先生從小到大，考試亦名列前茅，從醫後亦成功處理過大大小小的腦科手術，其指導教授也為陳先生未能通過考核感到很奇怪。此外，入住該宅後，兩夫婦的身體愈來愈差，陳太幾乎每周也要看醫生，去年年尾的情況更甚。

從風水角度看，究竟那裡出現問題呢？先從身體健康角度來看，單位

1　4 六	6　8 二	8　6 四
9　5 五	2　3 七	4　1 九
5　9 一	7　7 三	3　2 八

圖四十九：七運坐午向子及坐丁向癸

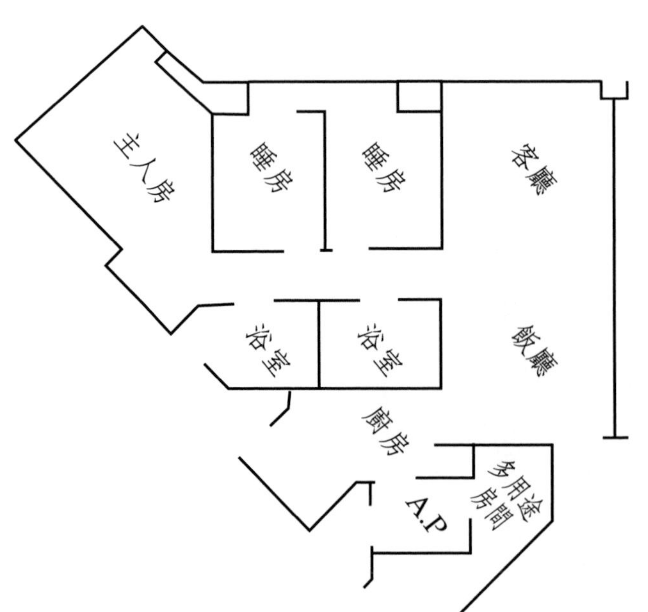

圖五十

本身缺了坤位，兌位亦有缺陷，坤兌均為陰卦，對女性不利，乾宮凸出亦好不了多少，乾卦代表男主人，依單位平面形勢來看，先天已存在問題。再看主人套房，若以陽為向論之，其向方跟單位其他空間坐向不同。按陳氏夫婦的生活習慣，在主人房的時間比在客廳或其他空間的時間長很多，那是否需要替主人房起一個坐向星盤來推斷呢？其實不用那麼複雜，就主人房與其他單位內空間房間向方不同，已可主納氣不純，一般主宅運較為反覆，時好時壞。理氣方面，主人房位於乾宮，飛星組合為二三鬥牛煞，向星二黑為病符，房內人身體亦不會好到那裏去。今年五黃到坤，其床頭之一面正是坤方，今年房內人身體每況愈下已可預知。

入正題了，為什麼不應文昌呢？原因在於當運之星是否「當運得配」，本個案為七運樓，但現在是八運，八白是當運星，重點放在八白星，代表健康。但在八運時八白山星飛到坤宮，本單位正正缺了坤宮，即是代表健康的八白山星不見了，宅主健康自然受影響。八白向星飛到離宮為廚房屬火，火生八白土，八白被生旺，本以吉論，但在八運時，還須要符合另一個條件——八白向星見水為之當運得配。現八白向星不見水，不以當運論，故整個飛星盤數便以失運論之。一四當旺以得文昌斷，失運便相反了。以上案例的解決方法很簡單——只要把八白向星見水，令其變成當運得配，問題便可迎刃而解。

觀上例可知，勘察風水時除了要注意理氣外，單位形狀及室內格局亦非常重要。要留意單位是否有缺角或突角，如有的話，很可能對該卦象人物有影響。單位內的房間或各空間的坐向是否相同（鑽石形或上例的單位形狀並不理想）。此外，也要兼顧宅內人的生活習慣，要考慮宅主在哪個空間逗留較久。最後想強調一點——勘察風水必須形理兼顧，缺一不可。

選擇旺財樓

下文是筆者在十多年前撰寫的風水文章，鑑於當時對風水的認識較片面，但由於內容淺白，頗適合風水初學者閱讀，故加以修改並把已過時七運資料刪去，再補上九運資料，以供讀者參考。

擇地而居是生物的天性，萬物之靈的人類也不能例外。風水陽宅之學，正是人類自古到今擇居經驗的累積。古代社會，人們選擇居所多以舒適、健康為主，現今社會卻有所改變——絕大部分選擇樓宇時首重旺財，其次才是健康、安寧、聲名。這篇文章就是想告訴讀者怎樣去選擇一所「旺財樓」。

筆者不只一次提及，必定要巒頭、理氣互相配合，才稱得上「好風水」。其中一項不合格，亦不以好風水論。選擇一所「旺財樓」，必須巒頭好，理氣佳，以下介紹幾項「旺財樓」的基本條件：

（一）大局方面：那一區最理想？

要選擇旺財的地區，首先要知道該區有沒有「局」。簡單而論，地區要有「局」才有旺財的先決條件，取局則涉及尋龍點穴的功夫。現先來解香港的「來龍去脈」。

香港的山脈自中國來落脈經由梧桐山過紅花嶺、麻雀嶺、龜頭嶺、鶴藪、九龍坑山發出兩脈，一脈從大刀屻、棱角山至雞公嶺。元朗新田，上水一帶，正是受其龍脈而成為局；而另一脈駐嘉多利、觀音山至大帽山。大帽山為香港的祖山，山峯高達九百多公尺，峯頂雄聳，極具氣勢。大帽山行幹龍直走川龍，鉛礦凹、草山、針山、金山，至尖山、筆架山、獅子山及飛鵝嶺等發出九脈：

一脈往蘇屋邨與李鄭屋邨

一脈往石硤尾、深水涉與大角咀

一脈往旺角

一脈住油麻地至尖沙嘴

一脈往何文田至紅磡

一脈往九龍城、馬頭圍、土瓜灣

一脈往黃大仙

一脈往鑽石山

一脈往牛地灣至彩虹邨

九龍之名，乃因大帽山發九脈而來。大帽山為主龍，分一龍至大埔，另馬鞍山一龍伸至西貢，而道風山、望夫山一龍伸至沙田。向西一脈至青山渡海，在大嶼山起鳳凰山。至於香港島的來脈，是由九龍區伸展潛龍過峽，而九龍雙脈過峽，一支由調景嶺走來，在柏架山結星頂，另一支由尖沙嘴走來，在扯旗山結星頂。扯旗山是香港島的祖山，面向九龍，屬迴龍顧祖的格局，而扯旗山落脈於港島北岸，在禮賓府及中環滙豐銀行一帶結穴。

基本上，有龍脈伸展到的地區，就具有「局」的先決條件，其次要了解該區的水流形勢，看看該區是否藏風聚氣，形局合垣、朝案關鎖。陽宅和陰宅的取局大致相同，陰宅只佔一線孔之地，穴場細小，陽宅範圍廣大，佔地寬闊。陽宅之局地勢要寬平，堂局要闊。香港有「局」的地區有很多，如：沙田、荃灣、大埔、大嶼山東涌、香港島的鴨脷洲、太古城、柴灣、淺水灣、深水灣、中環、灣仔、銅鑼灣、北角等。

（二）屋村範圍內，那一座最理想？

在陽宅風水上，可利用「天心十道」來選擇樓宇闊。方法很簡單，先以大廈本身為十字線的中心點，在大廈後方的高樓是玄武靠山，大廈前方的建築物就是案山或朝山（依高度而定），朝案山和大廈本身最好有明堂相隔，而左右兩旁的樓宇則是青龍和白虎砂。若符合上述條件，便稱得上是一座旺財的樓宇（圖五十一）。

圖五十一

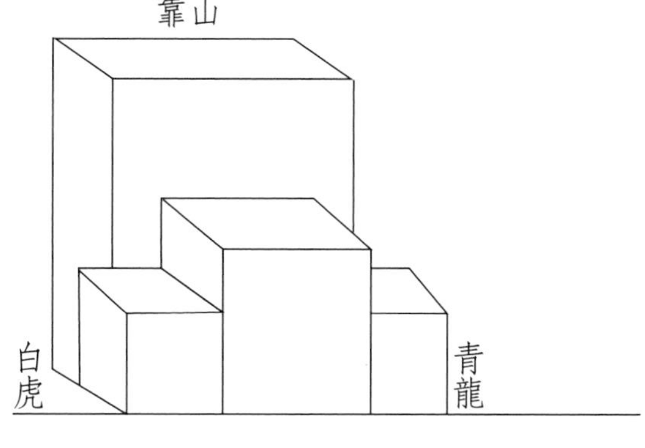

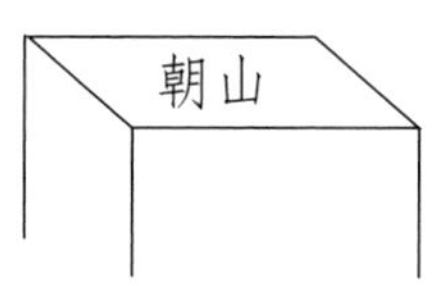

假如屋村內沒有明顯山水或高樓大廈時，也可以利用簡單的龍虎來論吉凶。就陽宅而言，青龍砂代表人丁健康，白虎砂代表財運，下文以一大型屋村為例，加以說明。

圖五十二

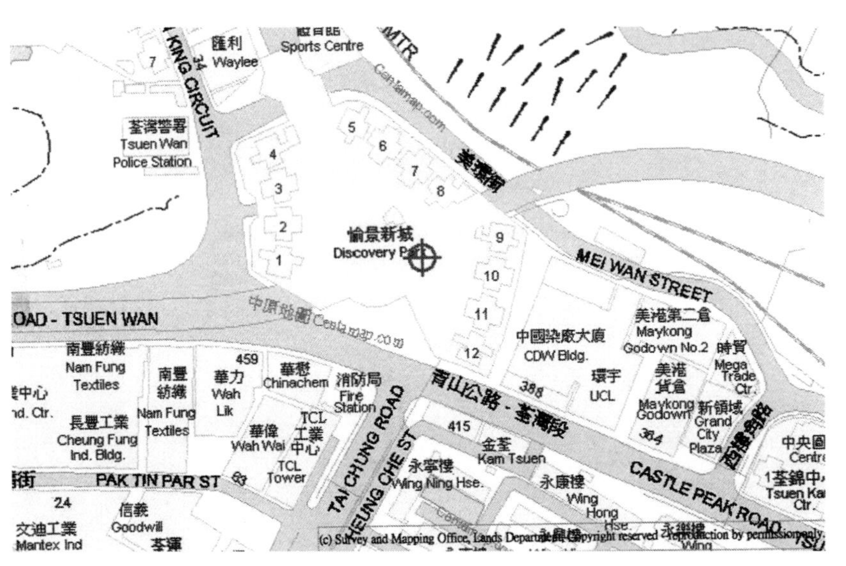

根據圖五十二，最好的位置是第五至第八座。因為右方有第一至第四座作為白虎砂，左方有第九至第十二座作為青龍砂，兩旁砂手能把吉氣凝聚於前方明堂。第九座財運亦不錯，前有第一座至第四座作朝山，第五至第八座作白虎砂，而第十至十二座作青龍砂，但青龍砂較弱，主男性健康較差。

（三）立極定向

假設巒頭已經合格，便要以理氣方面去考慮選擇旺財樓宇。要判斷一座樓宇理氣方面的吉凶，必須先知道該大廈的坐向。在一般情況下，如果附近沒有明顯的山水，可以大廈的總入口為向。

對於新樓盤或正在興建中的樓宇，我們未能到現場量度坐向，則可以利用售樓圖，再加一把立極尺，亦可得知各座大廈的坐向。原則上，每份售樓圖上都會標明方向，箭咀所指的，就是正北方。根據這資料，利用立極尺放在售樓圖上，轉動立極尺至指向正確方位，便可得知該樓宇坐向。（圖五十三）

知道大廈的坐向，便能知悉大廈是否當運。若要旺財，便要選當運樓。怎樣才算當運旺財樓呢？大格局而言，就是樓宇向着正神旺氣、生氣方。於玄空風水學理中，每二十年為一個小運，六十年為一元，上元主一、二、三運，中元主四、五、六運，下元則主七、八、九運。

圖五十三

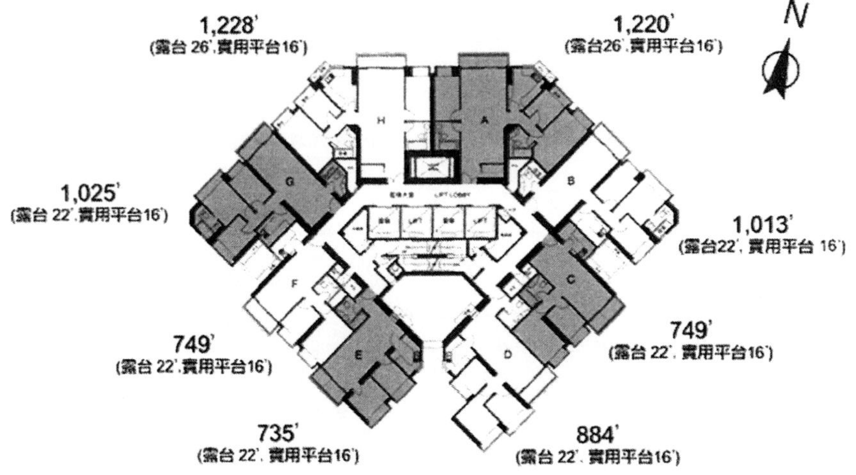

1,228'
(露台 26', 實用平台16')
1,220'
(露台26', 實用平台16')
N
1,025'
(露台 22', 實用平台16')
1,013'
(露台22', 實用平台 16')
749'
(露台 22', 實用平台16')
749'
(露台 22', 實用平台16')
735'
(露台 22', 實用平台16')
884'
(露台 22', 實用平台16')
H
A
G
B
F
C
E
D
LIFT LOBBY
LIFT

三元九運共一百八十年，如此循環不息。現為下元八運（公元二零零四年至二零二三年），九運則由公元二零二四年至二零四三年。陽宅着重納氣，大廈向方即大門要納正神氣為上吉，納得生氣亦吉。

八運東北方為正神旺氣，南方為生氣，若果大廈大門入口向着東北方，為納得正神旺氣，屬於當運樓。大廈大門入口向南，為得生氣，亦屬當運樓。當到九運時（二零二四年至二零四三年），南方為正神旺氣方，北方為生氣，若在九運時選擇旺財樓，便要挑選大門向南的大廈，得正神旺氣其次可選大門向北的大廈，納生氣。

《天玉經》云「明得零神與正神，指日入青雲」、「若遇正神正位裝，撥水入零堂」。若果前方無水，納正神氣、生氣為旺財，然而，倘若大廈前方見真水，則要取零神水或照神水才主旺財，否則反主破財。所以，大廈向着真水的地方，如尖沙嘴、灣仔、上環、中環、青山一帶近水的樓宇，坐向要揀選向零神，勿取向旺氣、生氣方，否則相差毫厘，謬之千里！水是指真水，如河、海等，並非指虛水。零神全名為「正吉零神」，照神全名為「催吉照神」，若大廈前向是零神或照神方，再遇上真水的話，則主利財運。零神、照神方亦會跟隨運而轉變。現為下元八運（二零零四至二零二三年）零神方在西南，照神方在東，到下元九運時（二零二四至二零四三年），零神方便轉到北方，而照神方則轉到東南方。大廈向方得零神水或照神水，旺財之論，若大廈門前沒有零神水及照神水，但在零神及照神方有水，這座大廈也屬旺財運。

註：若想了解零神、正神，可參閱作者另一本著作《玄空風水心（三）玄空基礎探微》第六章正神零神一節

上文提及，大廈門向得到旺氣、生氣，便主旺財，據此，相信只有小部份樓宇才合格。風水大師蔣大鴻曰：「向首一星災福柄，來去

二口死生門。」意指門口對陽宅風水的影響非常大，足以影響一所住宅的財運興盛與衰退。因此，選購旺財樓宅，還要留意該單位的大門是否當旺，大廈大門納得旺氣、生氣主旺財，但大廈內個別住宅單位納氣，跟整座大廈是有分別的。上文提及的樓宇納當運氣是為大玄空，且着重「方向」，大多用於選擇地區、大廈等；而單位住宅門納當運氣卻重「方位」，屬於小玄空（即玄空飛星），用於選擇住宅單位。在此，必須先準確分辨「方位」和「方向」。

方向——一所方形的屋宇，無論大廈門在前中方，前左方或前右方，都屬於同一個方向。

方位——以屋的中心位置作為中心點，然後把房屋劃分九個宮位，這九個宮位的位置，稱為方位。（圖五十四）

圖五十四：圖中三個單位大門都向南方
但單位一門開在東南位
單位二門開在南位
單位三門開在西南位

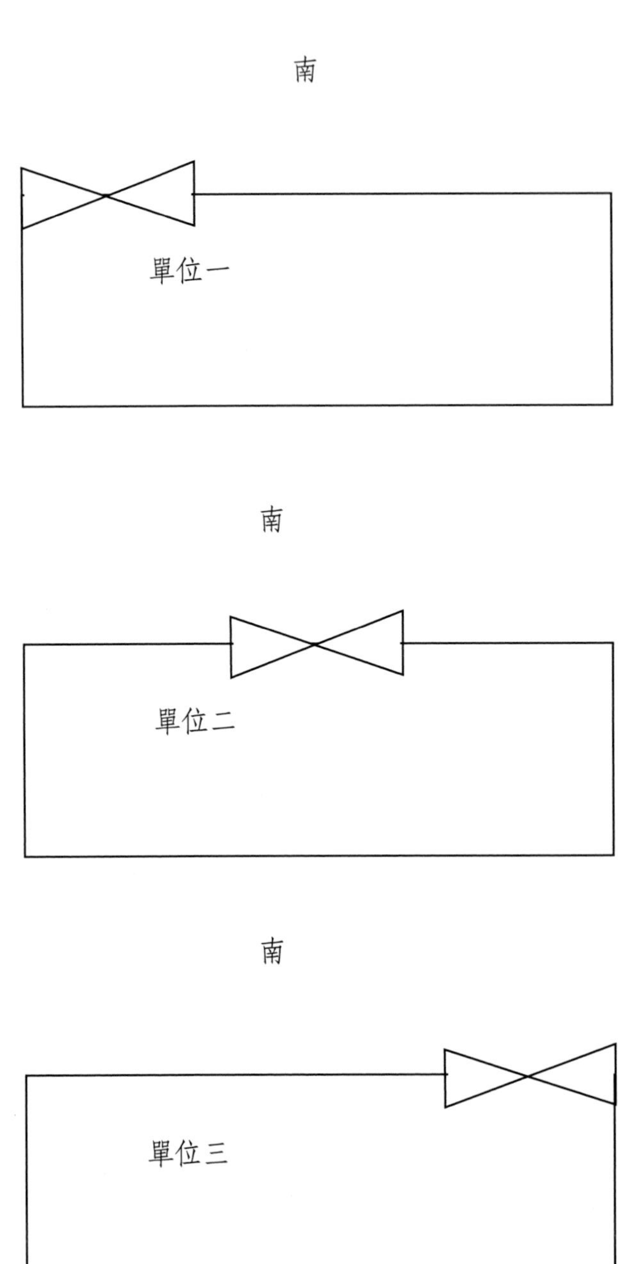

我們在選擇住宅單位時，宜先看看住宅單位的大門是否開在玄空飛星之向星吉方，若然，便主旺財。

（四）旺財的巒頭

巒頭是指山和水的形勢。如果四周沒有真的山和水，則以馬路作水論，四周的建築物當作山。一個旺財的風水局須四神相應，山環水抱，氣聚有情。「有靠山」是旺財的重點之一，靠山又名「祿山」，主帶來財運。陽宅應以自己居住的大廈作為中心點，後方有山，便為靠山。靠山又稱父母山，人之成長，能得到父母的照顧庇蔭，自是一種福氣，而父母之貧富，對子女自然有所影響。山形之中，以武曲、巨門、左輔為佳，均是旺財山形。若果住宅樓宇的靠山屬以上三類，便會帶來財運（圖五十五至圖五十七）。除靠山外，前方有明堂也是旺財必要條件；住宅大廈前方要求空曠，在風水學上，大廈前方稱為明堂，最

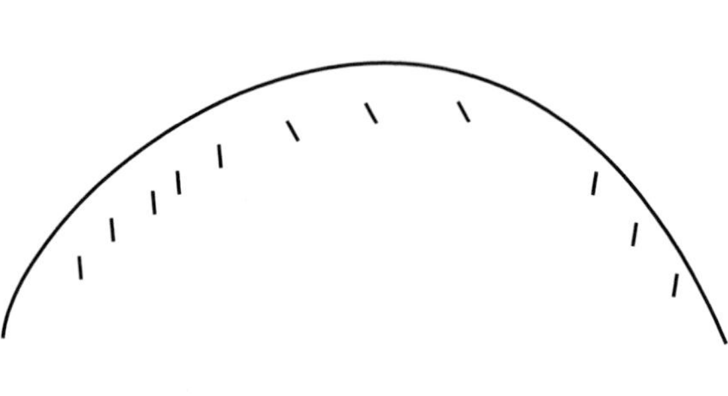

圖五十五：武曲星—山形半圓形，主富

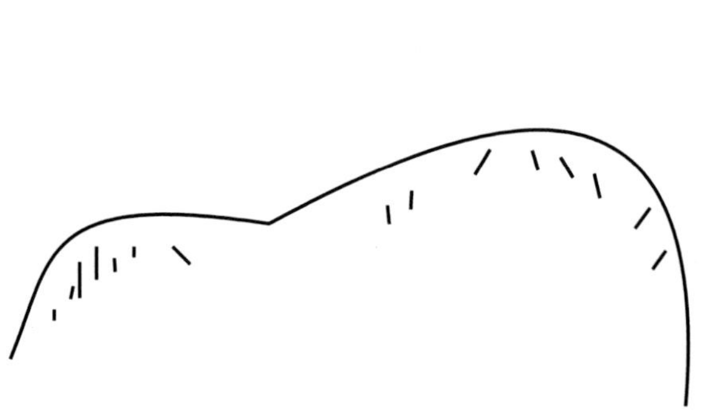

圖五十六：左輔星—前高後低，前後皆形成半圓形，主富

圖五十七：巨門星—山頂平，山形略方，主富

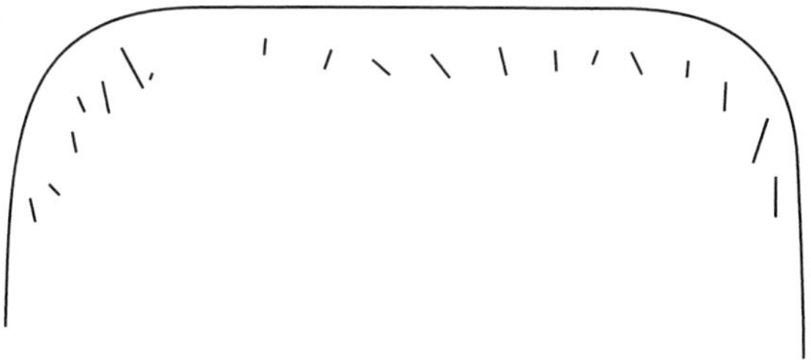

適宜有水聚於此處，主利聚財帛；若果面前明堂不見真水，而是馬路或公園，亦算向水，經云：「高一寸兮即是山，低一寸兮即是水。」可見馬路可作虛水看。雖然明堂沒有真水聚合，向假水對財運也有幫助。

明堂為藏風聚氣之所，風水屬於氣學，一是納大自然的氣，一是要收水，故明堂即使不見水聚，但是見一片空地如公園等，亦主有利財運。

經云：「伸手摸着案，腰纏千萬貫」，可見案山亦主財。案山在明堂前方，但不宜過高，如案山高則宅亦要高；案山亦不宜過遠，太遠便變成朝山了。有案山才能蔽風收水，才能聚財。假若明堂有水但沒有案山，則財帛難以凝聚，財來財去，不符旺財原則。

陽宅樓宇，左右要有龍虎環抱（龍主人丁，虎主財帛）兩者要平衡才能丁財兩旺。若龍強虎弱，則財弱；虎強龍弱，雖説財旺人弱，但健康就是財富，若身體長期虛弱，又如何生財呢？龍虎不可反背無情，亦不可高壓屋宅。如龍虎過低，則樓宇受風，吹散局氣而不能藏風聚氣。若能依照上述幾種山頭形勢來選擇樓宇居位，基本上已稱得上是財運不錯的樓宇。沒有真正山水的都市陽宅，附近的樓宇和馬路天橋亦要山環水抱，氣聚有情，原理與山野之宅同。

（五）旺財水法怎樣看？

經云：「山管人丁水管財。」在風水學理中，希望財富者，多從「水法」着手。「真水」的而且確會直接影響財運。可是，向水未必能夠旺財，甚至可能使財運變得更壞。水法一般分為五種類型（圖五十八至圖六十四）

金形水：半圓形，以環抱為吉，主大旺財運，反弓則主破財

木形水：如一條橫線在面前經過者，為不聚財

水形水：波浪形，旺財

火形水：三角形，主破財

土形水：四方形或長方形，環抱為吉，主旺財；相反凶，主破財。

除了按水形定吉凶，「水」亦分好與壞兩類。好水稱為秀水，壞

水稱為惡水。秀水指水質清澈、氣味清新、流水平靜或聲細有韻，主財運順利、聚財；惡水指水質污濁、氣味臭腥、流水怒吼，主破財，財帛不聚。

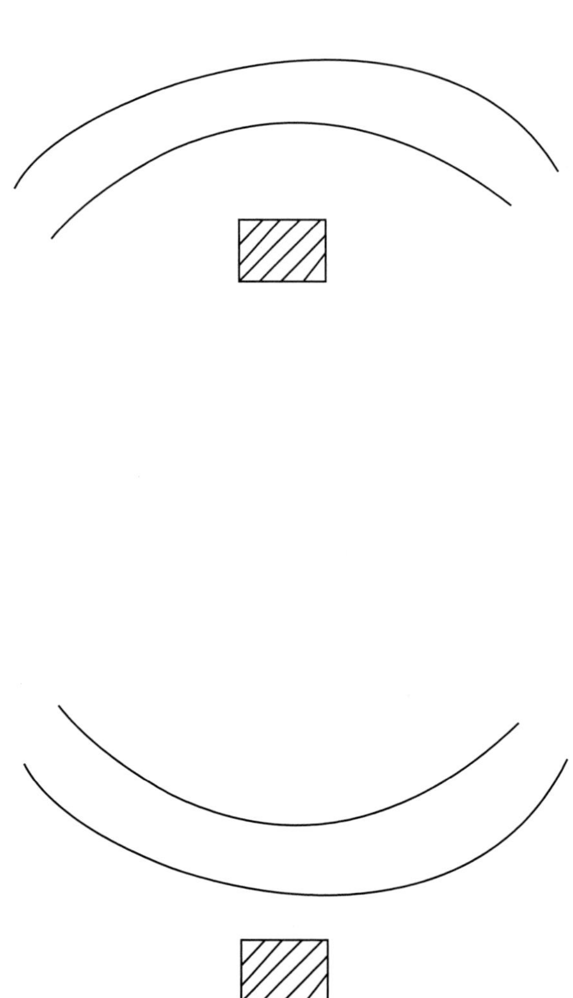

圖五十八：金形水，環抱有情，旺財

圖五十九：金形水，反弓無情，破財

圖六十：木形水，財來財去

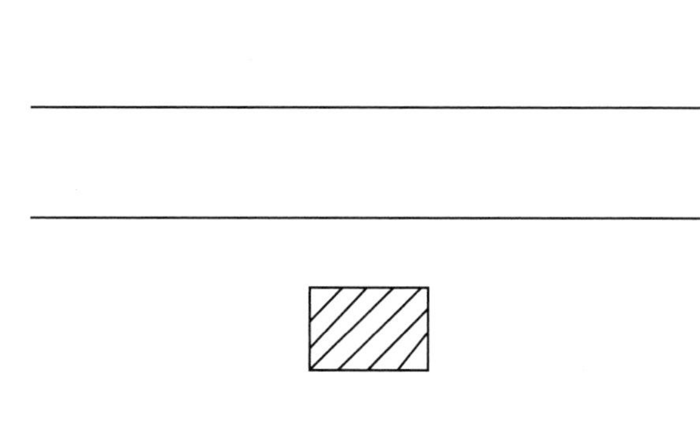

圖六十一：水形水，旺財

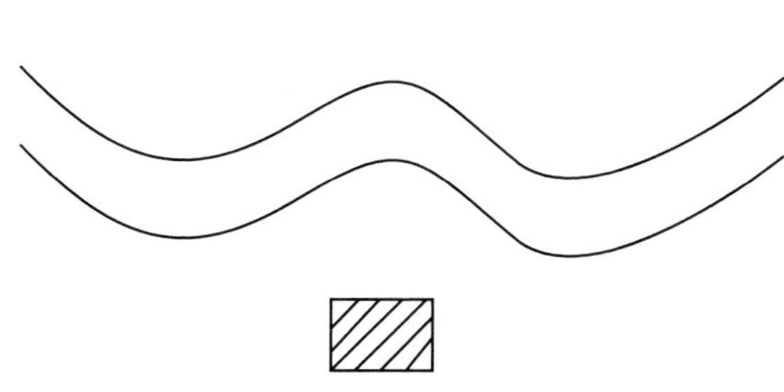

圖六十二：火形水，破財

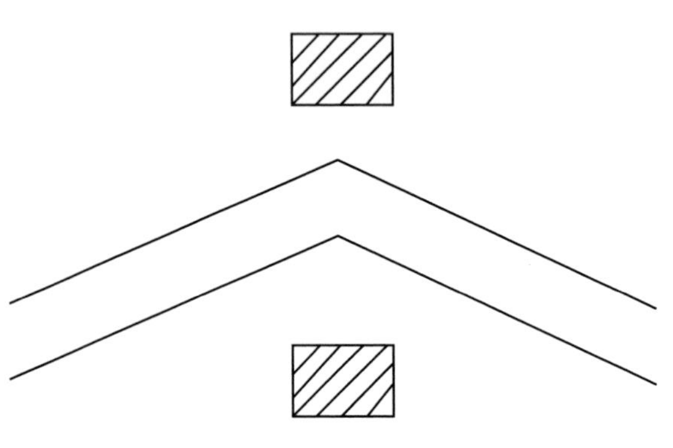

圖六十三：土形水，環抱有情，旺財

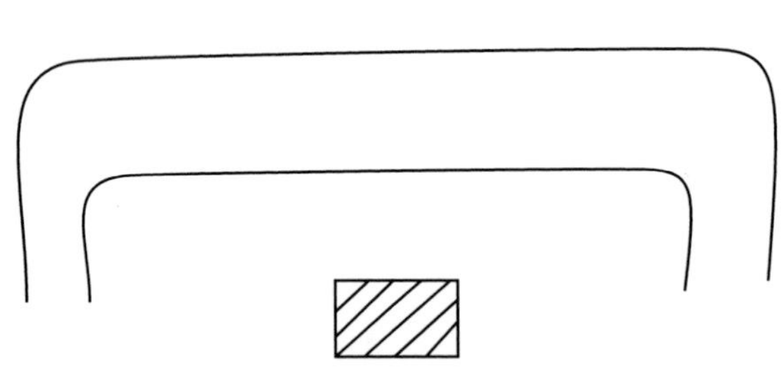

圖六十四：土形水，反弓無情，破財

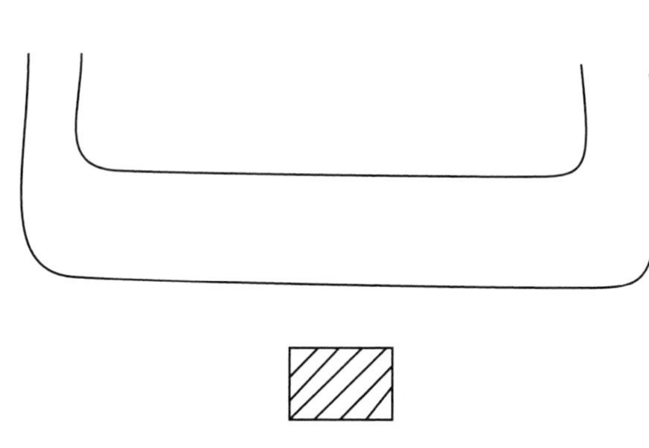

此外，在風水學理上，「逆水」局為旺財，「順水」局為破財。逆水又稱為迎水，順水又稱為送水。樓宇收逆水或順水，需從樓宇外街道或山形水勢來配合判斷。要判別河流溪間的水向，只需觀察其流動方向，便能清楚知道哪一方是來水，哪一方是去水。但在都市陽宅，要判斷來去水，必須花一番功夫。在陽宅風水中，門作收水之用，故大廈門開在何方，會直接影響財運吉凶。若果左方來水，大門宜開在右方；若右方來水，大門宜開在左方，主收逆水旺財（圖六十五、圖六十六）。

而門前的路，長的一方為來水，短的一方為去水。如果前方為馬路，則以門前的行車線來決定。如車輛由左方往右方駛去，來水便是在左方。但有時侯道路的來去水並不能用行車線方向來判斷，例如前方馬路明顯左方高而右方低，雖然車輛從右向左方駛去，亦以左方來水右方去水論。

圖六十五：右方來水，用左方門收逆水，旺財

圖六十六：左方來水，用右方門收逆水，旺財

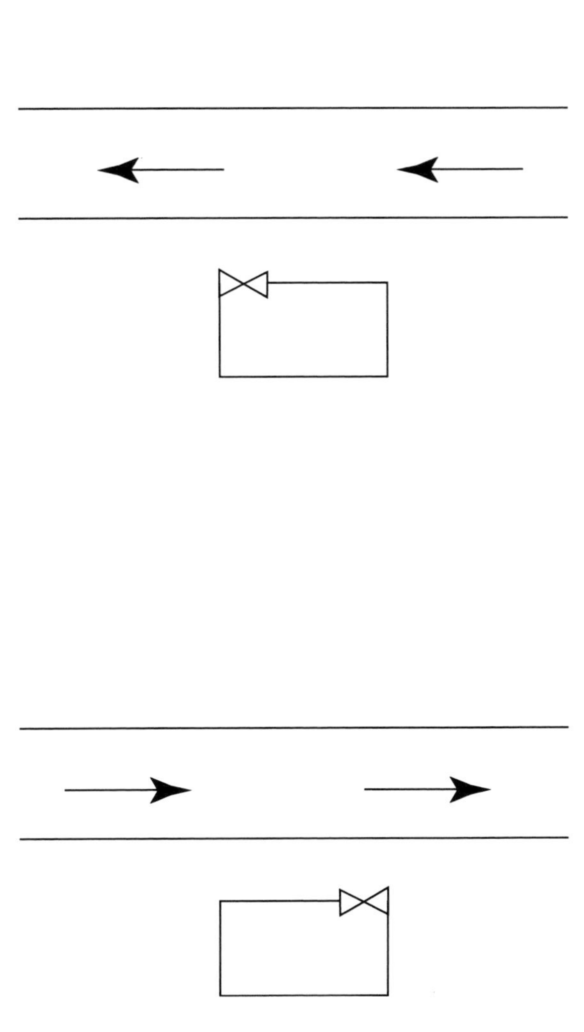

（六）從理氣方面挑選旺財樓

1. 根據元運、坐向，玄空飛星派可分為四大格局：

・旺山旺向

・雙星到向

・雙星到坐

・上山下水

而旺財格局為旺山旺向及雙星到向（這純以理氣點出發，最終要配合巒頭運用推算）。至於下元八運及九運的旺財線位，詳列如下，以供參考：

八運之旺山旺向之坐向

丑山未向

未山丑向

巽山乾向

乾山巽向

巳山亥向

亥山巳向

八運之雙星到向之坐向

庚山甲向

卯山酉向

乙山辛向

子山午向

癸山丁向

丙山壬向

九運之雙星到向之坐向（九運沒有旺山旺向之坐向）

壬山丙向

丑山未向

甲山庚向
巽山乾向
巳山亥向
午山子向
丁山癸向
坤山艮向
申山寅向
酉山卯向
辛山乙向
戌山辰向

2. 從流年看那個坐向最旺財

對於租樓之人士，流年旺財樓是非常重要的。一般租約只有兩年，因此選擇流年旺財樓是必須的。從流年方面去揀樓，一定要了解年煞及流年飛星。

一、三煞——可向不可坐

二、太歲——可坐不可向

三、歲破——可向不可坐

四、五黃——坐向皆不可

五、流年紫白飛星——一般以一白、六白、八白及九紫所到之方為吉，但最終亦要配合元運來推算。如現時為下元八運，六白為退氣，其吉性會略減。

現分析流年二零一四甲午年那個坐向最好。（圖六十七）

從圖得知三煞在亥子丑方、年五黃在乾（西北）、太歲在午（南）、

圖六十七：二零一四甲午年

太歲

3	8	1
2	4	6
7	9	5

三煞
歲破

歲破在子（北）、六白在兌（西）、一白在坤（西南）、八白在離（南）、九紫在坎（北）。分析得知，二零一四年坐西北向東南及坐東南向西北之宅，皆不利。坐南及坐西南之宅，則作吉的線位論。陽宅納氣亦非常重要，所以若果門開在坎方或離方，亦作旺財論。

（七）入伙擇日的方法

經云：「初時禍福天時驗，歲久方知地有權。」可知擇日是非常重要的。擇日的影響力，一般在一百日內應驗。至於各派別用於擇日入伙之日子，詳列如下，以供參考：

一、建除十二神——成日、開日

二、值日神煞——天德、月德、天德合、月德合、驛馬、天願、月恩、天赦、天馬

三、烏兔太陽擇日——太陽日、太陰日

四、紫白飛星擇日——以年、月、日、時一白、六白、八白到大門及到坐為吉。

五、三合擇日——四課要多合（三合局、六合局），忌四課相沖。

六、二十四山正五行——四課五行生或同坐山五行。

七、二十八宿——角日、房日、心日、室日、昴日、牛日。

擇日入伙其實必須要配合命格，風水學的擇日配命以出生年份為主。即使日子本身非常吉利，但和自己年命相沖的話，便要小心推度，看看是「凶多吉少」還是，「吉多凶少」。所選擇的吉課如為自己八字所喜，更為吉上加吉，例如八字喜火，日課得成寅午戌三合火局，則吉上加吉。

以上乃選擇旺財樓的基本方法，希望對各師兄們有一定幫助。

紫白九星擇日法

楊公云：『不得真龍得日月，也應富貴旺人家。』

蔣公云：『初時禍福天時驗，歲久方知地有權。』

日、月、天時皆指擇日而言，巒頭、理氣、擇日三者配合才能發揮風水之最大功效。擇日課的吉凶應驗較快，一般在三個月內便應驗吉凶。陰宅而言，擇日有開山立向、落棺、上碑等；陽宅擇日方面，則有修方，上樑等等。理論上，一般較重要的事情例如搬遷、安床、開張、簽約、擺放風水用品等，也須要擇一個好日課進行，除了確保事件能須利進行，更可能招來吉利的事情。

現時坊間流行的擇日方法頗多，例如：奇門、董公、天星、紫白、三合、斗首、烏兔、易卦、神煞等等。每一派都有其理論，師兄弟們若果有興趣的話，可參考《協記辦方書》，《尅擇講義》，《選擇求真》，

《象吉通書》等權威擇日書籍。

今次和大家分享「紫白九星擇日」。我們日常所認識的流年飛星，甚麼五黃、二黑正是紫白九星擇日的（年紫白）部份。「紫白九星擇日」分為年紫白、月紫白、日紫白及時紫白，很多書籍已提及其起法，一般萬年曆亦已包括年紫白以及月紫白，至於日、時紫白，亦有表來查核，在此不贅。

古代名家對「紫白九星擇日」有以下論述：

楊公云：『千工萬工，須求年白，百工十工，須求月白。』

曾文辿云：『祿到山頭主進財，從外壓將來；馬到山頭進官聯，要合三元白；貴人與白同旺相，貴子入廟堂；六白屬金秋月旺，紫火春夏強，一八水土旺三冬，立見福祿崇。』

一行禪師云：『紫白所到之方，不避太歲、將軍、大小耗、官符諸凶。』

未講解運用方法前，必須了解紫白九星的意義及運用要訣。

（一）九星吉凶簡要

一白——主動，有遷動之兆，亦為文魁星，主聰明；又為桃花星。

二黑——為病符，主陰邪，小人官非，疾病。

三碧——主爭執鬥爭，官災是非，脾氣暴躁。

四綠——主聰敏，腦筋靈活，亦主桃花。

五黃——主災禍、意外，血光之災，疾病，嚴重者可致死亡。

六白——為驛馬，主動，交通意外；亦為官星。

七赤——主爭鬥，賊劫，金屬意外災劫。

八白——主順利，進財。

九紫——主喜慶，或有喜事發生。

（二）原則上一白、六白、八白為吉星，四綠、九紫為小吉之星，三碧、七赤為凶星，而二黑及五黃為大凶星。但也要配合元運衰旺，如七運時七赤為當旺令星，不以凶星論。坊間有些大師只據九星本身論吉凶，不理會元運衰旺的影響，筆者對此不敢苟同。

（三）五行生尅——每顆星都有其五行所屬：一白屬水，二黑、五黃、八白屬土，三碧、四綠屬木，六白、七赤屬金，九紫屬火。要論斷吉凶，必須計算年、月、日、時飛星的五行生尅制化。吉星被尅洩，則減其吉性；反之，吉星被生旺，則其吉性倍增。同理，凶星被生旺，凶性更顯；若被尅洩，則可削弱其凶性。

（四）配合命卦——以年、月、日、時入中宮之九星為主，以命卦星曜五行比對入中星曜五行，生旺命卦為吉，尅洩命卦為凶。

由於紫白九星每年每月每日每個時辰都運行於各個方位，因此，各方位的吉凶會隨九星的飛佈而有所改變。凡與方位有關的事情，如動土、安床、安神位、搬遷（新宅大門方位）等，最適合運用紫白九星擇日。如能在吉星到的年、月、日、時做以上事情，必定事半功倍。下舉數例讓大家了解箇中法門。

（注）以下各例只以紫白九星擇日理論為依歸，其所擇日課在其他擇日法可能是凶日。簡單來說，如該日沖本命或為破日則或不可用，讀者們須注意這點。

例一：一宅坐北向南開艮門，希於二零零七年十月入伙

運用紫白九星擇日入伙，原則是吉星要到新宅大門方位以及吉星到坐，二零零七丁亥年紫白二黑入中，五黃到艮，五黃為大凶星，所擇日課除須吉星到門外，還要以五行生尅將五黃凶性化解才算吉利。現所擇日子為二零零七年十日十三日酉時

解說：

一、月八白旺星到坐，月六白吉星到艮門，以吉論。六白金洩年五黃土之凶性。

二、日一白吉星到坐，日八白旺星到艮門，主進財。

三、時八白旺星到坐，時六白吉星到艮門且洩年五黃之凶性。

例二：一宅於二零零七年底擇吉日安裝神位，神位在宅內之震宮，所擇日子為二零零七年十二月十二日酉時

解說：

一、年、月、日、時為一白、六白、八白及九紫四大吉星齊到震方，大吉之論。

二、四吉星五行互相生旺，九紫火生八白土，八白土生六白金，六白金生一白水。

例三：有一白水命卦人於二零零七年十月底擇日出行，所擇日子為二零零七年十月二十四日申時。

解說：

一、配命以入中宮之星曜為主。

二、日六白吉星入中宮，五行屬金，生一白水命卦人，吉論。

三、時一白吉星入中宮，五行屬水，旺一白水命卦人，主順利。

四、日六白金尅月三碧木凶星，又洩年五黃土之凶氣。

從以上三個例子，相信讀者對紫白九星擇日已略知一二了。總括來說，紫白九星擇日，首要是避開二黑五黃這兩顆大凶星，其次是盡量使用旺星及吉星。八運時以八白為旺星，一白及九紫為吉星，六白雖為退氣，但屬小吉星，故亦可用。

陽宅注意事項

（一）犯煞

孤陽煞容易脾氣暴躁，身體較容易擦傷弄損，嚴重「近煞」者有血光之災或火災。

一、天斬煞：對面兩座大廈之間有小巷——多病、體弱。

二、沖天煞／香煞：單位與煙囪相對——身體多病，家宅運反覆。

三、穿心煞：大廈對面有柱形物體——易招官災，是非，血光。（可用羅庚擋煞）

四、孤煞：大廈前方後方是寺廟，教堂等。

五、刺面煞：門前或窗前有小山丘，或有很多小石頭突出的崖壁——血光，家宅被竊，易犯法。

六、天刃煞：窗戶和招牌相對——身體多病，容易碰傷撞瘀。（低層

單位較常見）
七、尖射煞：單位和尖形物或牆角相對。
八、槍煞：走廊太長——主家人易犯血光之災，如車禍，開刀等。（門內或門外之走廊亦然）

獨陰煞

一、穿心煞：門前或窗前有樹相沖，主犯血光之災，多病。
二、墳場：門前或窗前有墳地，主身體多病，多夢或惡夢連連。
三、樹林：住宅太近樹林，主人容易情緒化，易有暗病。
四、殯儀館：門前或窗前見殯儀館，不利身體健康，運氣反覆。
五、醫院：門前或窗前見醫院，不利身體健康。
六、孤峯獨秀：性格高傲孤僻，欠缺上司朋友扶助，子女緣份薄、不孝順或子女遠走他方。

（二）天橋

一、天橋壓着樓層：主家人身體多病，運氣反覆；反弓更嚴重——主血光之災，開刀入院。

二、天橋遮蓋樓宇（四、五樓）：直路，多暗病；環抱的影響較直路輕；反弓主血光之災，官禍破財。

三、天橋為虛水：反弓主時運差，身體易有小毛病；直路主財運反覆；環抱則主財運好。

（三）門沖煞

一、兩門相對：主不和，易爭執；工作方面易招是非，與人不太融洽。

二、房門對厠所：易有暗病，多為泌尿系統之毛病。

三、房門對厨房門：易發生災禍、車禍、血光之災；小則容易擦傷弄損。

四、厨房門對大門：主宅內人運氣反覆。

五、厠所對大門：主財帛不聚。
六、厠所居中為陰煞歸心：主宅內人容易染上慢性疾病。
七、廚房居中為陽煞歸心：主宅內人脾氣暴躁，情緒起伏不定。
八、廚、厠並居中：主宅運反覆，錢財聚散無常。

（四）房

一、馬桶和床頭相對：主頭部疾患。
二、橫樑壓頂：主工作壓力大，精神不足，多夢。
三、睡房犯門沖：主是非官災，易受傷或多病。
四、橫樑壓床：主工作壓力大，容易疲倦。
五、吊櫃壓床：和橫樑壓床相近，但情況較輕。
六、床頭無靠山：主精神差，四肢容易疲倦，工作常出錯，有小人阻撓。
七、床頭宜見門口：主運氣穩定，但門口和床頭相對則運氣反覆。

八、梳妝枱不宜向床。

九、床頭上方不宜有鏡子：鏡子在陽卦位則脾氣暴躁、容易受傷；在陰卦位則易有暗病、惡夢、鬼纏。

十、鏡子忌在白虎方（否則會增强煞氣），宜暗藏。鏡子宜置在衣櫃左方門內（即面向衣櫃的右邊門）。

（五）廚房

一、爐灶（電飯煲同）忌沖射。

二、水龍頭向爐灶：易患腸胃病。

三、灶犯門沖：易患胃病、腸胃病。

四、爐灶不宜貼近窗、雪櫃。

五、爐灶上方忌有廚櫃；下方忌有水喉或煤氣喉於其中間通過。

（六）安神位

一、宜有靠山，穩：，下方忌有通道，亦不宜養魚或放置電器等可動之物。

二、宜靠牆壁：，後方忌有厠所：，宜對門口。

三、天神在上格（宜用圓形銅香爐），祖先在中格，地神在下格（宜用四方形瓷香爐）

註：讀者亦可參看作者另一本著作《玄空風水心（三）玄空基礎探微》內第三章玄空探誤之影響一節

風水精要

以下是筆者多年來研習風水的一些心得，並不是甚麼秘訣，有些是書本上的知識，有些由師父傳授，再經筆者多年驗證，再把準確度高的挑選出來，與讀者分享。但諸位千萬別將之看成標準答案，因為以下心得，僅以筆者遇到的個案為依歸。筆者始終是業餘風水愛好者，只在工作以外的時間研究及驗證，至今曾處理的風水個案只有千多二千個，在不同環境、不同人物、不同時間所得結果，或會有所不同。筆者旨在拋磚引玉，希望各風水愛好者及風水師傅多些分享其經驗，讓有意學習風水者有門徑可循，少走些彎路。

筆者只選取有關玄空飛星方面以及簡單巒頭作分享，至於其他風水派別，將留待下一部著作再和讀者再分享。（如讀者有任何意見或其他見解，可聯絡筆者作深入探討）

◇山尅向多應前面及上面之身體。如山星七向星三多主肝、胆之疾。

◇向尅山多應後面及下面之身體。如山星三向星七主腳疾。

◇要配合星卦的衰旺、其五行的生尅及所主六親，還要配合巒頭。見明山秀水，應吉；見惡山臭水，沖射等，則應凶(不管組合本身吉凶)。

◇一般只注重山向組合，但如為煞曜組合，則運盤亦須計算在內，如二三／三七／二五／六九／六七／八三

◇向星收陽（虛）：門、水位、窗，則其力量顯

◇山星收陰（實）：屋、山、大櫃，則其力量顯

◇雙星組合一般注重後天卦五行論生尅，一白水，二黑土，三碧木，四綠木，五黃土，六白金，七赤金，八白土，九紫火。但若成聯珠（生成），則河圖五行亦須參看：一六水，二七火，三八木，四九金。

◇原則上，組合見二黑，必須用金去化解。

◇金屬圓形鐘為乾卦，用以化解土煞。

◇見煞便要化。如不許可，可在當旺的星曜處置動機－吉強凶便弱。現為八運，宜於八白置動機。

◇原則上，星曜斷事只注重在向首及動機方，如門、床、灶及室外一些明顯山水；動機處如山峯、水池、十字路口、電塔、火形建築物、修路處等。

◇相尅組合一般用通關化解。如通關後，最後被生旺的為凶星，必須再加化解。如二黑三碧鬥牛煞，用火通關後，最後生旺二黑病符，因此須再用金洩二黑土，即同用火及金化解。（當然要顧及星之衰旺、強弱及流年紫白之加臨作適當調節）

◇凶曜組合在靜處，一般不須化解；但吉曜組合在靜處，須置動機催吉。

◇流年飛星力量極大，尤其飛到向首、坐方及動機處。宜先注重流年飛星，然後才配向星、山星是否有煞曜組合，再參考研究。

◇太歲、歲破及三煞等年煞亦須注意，避免動土及在該方位有動機。
◇須留意流月飛星，有意想不到的影響力。
◇流年流月飛星組合亦可斷事。
◇流年流月飛星會早到及遲走。
◇室內布局以小太極；床中心亦可立極放射八方斷事。
◇中宮數在某些時候亦可用來斷事。
◇三八化木，八白之吉性失了效力；四八組合，八被四剋，八白之力量減少。
◇二七化火，有意料之外的挫敗。
◇五黃用八白化。年五黃用年八白化，月五黃用月八白化。（八白動機要比五黃大，才能化之）
◇欲催財，在年八，九（八運）方位上置水，但要避免原局五黃。
◇巳年巳位當令，開門在巳位，可增強飛星數及該年之紫白星力量。

◇看事業得失，以寫字樓為主。

◇旺星到向，一四組合應文昌；旺星不到向，一四便應桃花。

◇大門原局五黃入宅，不利久居。

◇被路沖，流年凶星飛到，有分離現象。

◇擺放風水物品要配合坐向和地天人三卦山。。

◇擇日旺屋，以坐為主。

◇向首向星尅命卦，其被尅之命卦者，運氣不順。

◇城門訣以旺向星到之旁二宮為準。旺山旺向、雙星到向、兩旁運星入中且是逆飛，見水才是城門訣方。上山下水、雙星到坐要旺向星方見水，才有城門訣可用。向首向星被山星尅，雖為旺山旺向局，亦有所缺陷。

◇犯太歲、三煞主官非（三煞見動土方為禍），犯五黃，主血光。

◇一四門，年五黃到，主利桃花。

◇催丁可在灶位上做功夫，灶宜置在旺位上。

◇山向星相尅（門星），被尅與命卦相同則差。

◇開門向星尅命卦差論（，但宜先論運之吉凶，其次再論命。如開向星七赤門，木命人被尅；但七當運時小吉，而坎命人大吉。

◇向星犯反吟，因財致禍；山星犯反吟，因人事致禍及身體有毛病；旺向星見水則可化。

◇真零神水，要旺向星飛到，且運盤入中要逆排。

◇流年星配門向星，要注意是否犯反伏吟。向星二黑門流年年八到，主開刀破財；向星三碧門流年七赤到，亦主開刀及破財；向星八白開門而流年八白星到，逢旺則旺；向星七赤退氣門而年星七赤又飛到，則逢衰則衰。

◇斷事以山向飛星為主，運星、元旦盤為副，缺一不可。

◇坐向為卯，則甲卯乙人犯太歲；現代住宅以向為依據，陰宅則

◇灶位向星二黑，向首向星五黃，則犯二五交加，當以凶論。

以坐山論之。

◇旺向星到廁，主財來財去，見財化水。

◇睡房以山星旺星為主。

◇化煞：宜配合本體五行構造、形體、數、聲音、顏色。

◇八運催丁用山星八及山星九，安放睡房，地盤宜用陽星。

◇宜擇開旺向星門的單位以搶旺氣，因為其力量較官位為旺向星的單位大。

◇全局合十才有用。年飛星配原局無合十。單宮無合十。

◇得城門主短期內致富；得旺山旺向則主久得財富。

◇商舖宜開旺門「搶客」，因人流無定，故不分來去水口。

◇得城門水，不論宮位飛星組合是否凶，亦主進財。

◇開旺向星門比城門開門更旺，因旺向星門納人氣，主有情。

◇地域內最高之宅，如坐向和其他宅房一樣，其坐向好則極佳，反之則以地域內最差之坐向論。

◇城門室內可置動機和水：，快發用城門，用旺向星則較容易進財。

◇住宅並非催財之地，在家催財，只能催旺自己的運氣。

◇旺向星放置收銀機，要提防被「穿櫃桶」。

◇大廈東面如有壞巒頭，大廈內單位開東方門則以差論，不理飛星數亦差，其餘七方同論。

◇旺向星見水，力量強弱如下：一）零神方 二）照神方 三）吉照方 四）其他方位

◇山向星犯反伏吟最差，旺星反而不怕反吟：，次為山向星與運星相犯：，其次為山向星與元旦盤相犯。

◇向首向星入囚（放光、獨水），主敗：，向首之氣跟旁氣不同，旁氣旺星見水旺財，向首向星不同論。如七運八白到向首見水旺，到

八運時，向首向星入囚，則主敗。

◇神位忌放通關之位（如八四組合處），宜置於相生之位。

◇水屈曲有情，去水也不拘。

◇風水竅門，正是在眾多點中找出一個特點來判斷吉凶。

◇無旺星到向，則一，六，八便無力，不能用。

◇開圍門要跟屋向之飛星盤。飲食業廚房置在八白，九紫位為佳。

◇旺向星到門，流年旺星到主吉，二黑五黃星開門，流年旺星到主凶。

◇獨山獨水，飛星好則好，凶則凶；如獨峯獨水在二卦山內，則不以吉凶論。（以相同元龍計）

◇五黃運星在其他宮位，配合得宜，亦可以催財。

◇如巒頭在兩個宮位內，則可運用連星（兩個宮位的星配合）來斷事。

◇斷事以門、灶、厠為主。

二零一五年流年飛星佈局（不配合原局局飛星）

「玄空」者，「玄」為時間，「空」為空間，「空」是玄空之本。因此，僅著眼空（空間）而無視玄（時間），定必影響勘察風水的準確度。山向飛星為空（空間），運星為玄（時間）（因為山向飛星是由坐山向首運星入中飛佈形成，因此起運時的運星，皆有時間及空間），現行天心正運，年飛星、月飛星、日飛星、時飛星皆為玄（時間），由此可見，流年飛星只代表「玄空」中「時間」的部份。然而，流年飛星的力量非常大，除本身吉凶外，還可影響原局山向星該年的力量。不管看陰宅或陽宅，不論運用那一派的風水學說，勘察時亦必須配合流年飛星及某些重要神煞，才能得出準確的結果。

一般來說，「空」（山向飛星）最受巒頭影響，如外巒見水，則向星力大而山星力小；反之，如外巒見山，則山星力大而向星力小。「玄」

（時間）受巒頭影響則較小，所以，外巒見山或見水，對流年星的影響不大。可見勘察流年飛星不應按山水論，而是要觀察其強行入宮如何影響各方。

圖六十八：九宮八卦

巽	離	坤
震	中	兌
艮	坎	乾

圖六十九：元旦盤（恆久）

四	九	二
三	五	七
八	一	六

圖七十：八運天心（2004-2023）

七	三	五
六	八	一
二	四	九

圖七十一：二零一五乙未年三入中

二	七	九
一	三	五
六	八	四

太歲及歲破方會成為能量的集結或擴散點，可增強該空間或物品的能量。其吉凶則要視乎原局星盤及流年飛星來決定。

力士為四隅之凶神，亦有擴大能量的特點。如果遇到凶的神煞及五黃，殺傷力極大

三煞及夾煞是否成災，則要看原局星盤及流年飛星加臨，才能定斷。

二零一五乙未年重要神煞方：

太歲：未（西南方）

歲破：丑（東北方）

力士：未坤申（西南方）

三煞：申酉戌（西方）

夾煞：庚辛（西方）

五黃：庚酉辛（西方）

流年紫白九星星情

一：一白貪狼星五行屬水【桃花／官星／文昌】

二：二黑巨門星五行屬土【病符】

三：三碧祿存星五行屬木【是非】
四：四綠文曲星五行屬木【桃花／文昌】
五：五黃廉貞星五行屬土【災星】
六：六白武曲星五行屬金【官星／驛馬】
七：七赤破軍星五行屬金【賊星】
八：八白左輔星五行屬土【財星】
九：九紫右弼星五行屬火【桃花／喜慶】

流年飛星佈局

坎（北方）：流年飛星八白飛到，八白為旺星。宜放流水裝置加燈來催旺流年八白財星。

艮（東北方）：流年飛星六白到，可用金去催旺官星六白。最宜放銅馬一隻，再加碎石以增強官星力量。

震（東方）：流年飛星一白到宮，一白為三吉星之一，也是未來進氣星，可取而用之。放一圓形水缸，內放六枚銅錢即可。

巽（東南方）：流年飛星二黑飛到，二黑為病符，需要化解。可掛放兩隻真木葫蘆化病。如宅內人身體一向欠佳或者是長期病患者，則要多放四大九小銅錢，以加強化病的力量。

離（南方）：流年飛星七赤降臨，七赤為破軍凶星，需要用水洩七赤來化解其凶性。可置靜水一瓶，內放一個白玉扣即可。

坤（西南方）：流年 星九星飛到，九星為吉曜，可用屬火之物（如長明燈）去增強其吉性。但要留意，坤方今年亦為太歲及力士到方，不宜見動象。

兌（西方）：流年飛星五黃到。五黃為大凶星，又三煞夾煞加臨，凶上加凶。今年五黃為陽土，宜用陰金去化解，其力才顯。此方宜放玉璧加靜水。

乾（西北方）：流年飛星四綠到宮。四綠為文昌，可置水種觀音竹四支，以生旺其吉性，

中宮為流年三碧星飛臨，三碧為是非凶星，可置長明燈化解。

註：以上佈局雖然單以「玄」（時間）來論，但流年紫白飛星力量強大，尤以二黑及五黃為甚，必先化解為要。其他各宮，應先理解全盤飛星組合，再配合山向星內外巒頭，才能論定其吉凶及力量。其次再看流年飛星及神煞加臨，再結合原運星、天心、元旦盤之五行生尅綜合判斷，方能準確知道如何「落藥」及準確計算其「份量」。生、旺、制、化，全賴物象之陰陽五行卦象、性質、顏色及數量互相配合運用。最後，擺放流年風水物象，以放置在陽基最盡處及中間高度為宜。

二零一九年流年飛星佈局（不配合原局飛星）

『玄空』者，『玄』為時間，『空』為空間，「玄空」是玄空之本。因此，僅著眼空（空間）而無視玄（時間），定必影響勘察風水的準確度。

山向飛星為空（空間），運星為玄（時間）（因為山向飛星是由坐山向首運星入中飛佈形成，因此起運時的運星，皆有時間及空間），現行天心正運，年飛星、月飛星、日飛星、時飛星皆為玄（時間），由此可見，流年飛星只代表「玄空」中「時間」的部份。然而，流年飛星的力量非常大，除本身吉凶外，還可影響原局山向星該年的力量。不管看陰宅或陽宅，不論運用那一派的風水學說，勘察時亦必須配合流年飛星及某些重要神煞，才能得出準確的結果。

一般來說，『空』（山向飛星）最受巒頭影響，如外巒見水，則向星力大而山星力小；反之，如外巒見山，則山星力大而向星力小。『玄』

（時間）受巒頭影響則較小，所以，外巒見山或見水，對流年星的影響不大。可見勘察流年飛星不應按山水論，而是要觀察入宮後如何影響各方。

太歲及歲破方會成為能量的集結或擴散點，可增強該空間或物品的能量。其吉凶則要視乎原局星盤及流年飛星來決定。

力士為四隅之凶神，亦有擴大能量的特點。如果遇到凶的神煞及五黃，殺傷力極大

三煞及夾煞是否成災，則要看原局星盤及流年飛星加臨，才能定斷。

流年紫白九星星情

一白貪狼星五行屬水【桃花／官星／文昌】

二黑巨門星五行屬土【病符】

三碧祿存星五行屬木【是非】

四綠文曲星五行屬木【桃花／文昌】

五黃廉貞星五行屬土【災星】

六白武曲星五行屬金【官星／驛馬】

七赤破軍星五行屬金【賊星】

八白左輔星五行屬土【財星】

九紫右弼星五行屬火【桃花／喜慶／偏財】

元旦盤（恆久）

四	九	二
三	五	七
八	一	六

八運天心(2004-2023)

七	三	五
六	八	一
二	四	九

2019己亥年流年飛星圖

七	三	五
六	八	一
二	四	九

是年天心與流年飛星相同，其星力大且純

2019己亥年重要神煞方：

太歲：亥（西北方）

歲破：巳（東南方）

力士：丑艮寅（東北方）

三煞：申酉戌（西方）

夾煞：庚辛（西方）

五黃：未坤申（西南方）

2019流年飛星佈局

乾（西北方）：流年飛星九紫飛到，九紫星為桃花及喜慶吉曜，到金鄉其力被減弱，最宜置放長明燈去加強星力。九紫在八運時亦是偏財星，亦可置動水去加強財運。

兑（西方）：流年飛星一白到宮，一白為三吉星之一，到金鄉得生入加吉，若要提升桃花運可放一圓形水缸放八分水去催旺，一白亦主聰敏，可置水種植物去催動。此方亦為三煞方，忌見動土及冲射。

艮（東北方）：流年飛星二黑飛到，二黑為病符星屬土，到土鄉力量大，可掛放兩隻開口真木葫蘆加四大九小銅錢去驅除病氣。

離（南方）：為流年三碧星飛臨，三碧為是非凶星，在火鄉，其凶性略減弱，可掛紅色如意結或置長明燈化解其凶性。

坎（北方）：流年飛星四綠到宮。四綠為文昌，到水鄉被生旺，可置水種觀音竹四支或木制文昌塔，以增旺其吉性。

坤（西南方）：流年飛星五黃到。五黃為大凶星，到土宮被五行所助，又有飛太歲去增其威，煞氣極為強大，今年五黃屬陽，宜放七個白玉璧去化解，此方忌見動及擺放大量屬土及火的物件。

震（東方）：流年官星六白飛臨，到木鄉其力減，宜用土金去催旺。可放銅制馬踏飛燕一隻及一堆碎石於馬後方去提升今年的事業及考試運。

巽（東南方）：流年飛星七赤降臨，七赤為破軍凶星，在木宮凶性略為減弱，可置靜水一瓶，內放一個白玉扣去洩其凶性，此方忌動。

中（中宮）：流年飛星八白飛到，八白為當元旺星，在土宮壯其威。宜放流水裝置再加燈來催旺其吉性去提高宅的運氣。

二零二零流年飛星佈局（不配合原局飛星）

2020 庚子年流年飛星圖

六	二	四
五	七	九
一	三	八

2020 庚子年重要神煞方：

太歲：子（北方）

歲破：午（南方）

力士：丑艮寅（東北方）

三煞：巳午未（南方）

夾煞：两丁（南方）

五黃：甲卯乙（東方）

乾（西北方）： 流年飛星八白飛到，在屬金的宮位，力量被減弱。八白為當運財星，宜放流水裝置，再配合上燈來催旺流年八白財星，便可提升宅運。

兌（西方）： 流年飛星九紫飛到。九紫星為桃花和喜慶吉曜，到金鄉則其力減；如要吉慶可放置長明燈，九紫在八運時亦是偏財星，可置動水去增加財運。

艮（東北方）： 流年飛星一白到宮。一白為三吉星之一，也是未來進氣吉星及桃花星，可放一圓形水缸去催動其吉性，若加水種植物則可增文昌之氣。

離（南方）： 流年飛星二黑飛到。二黑為病符，屬土，到火鄉力量被增強，歲破位也增其威，可掛放兩隻真開口木葫蘆去化病氣。如宅內人身體一向欠佳或者是長期病患者，則要多掛四大九小銅錢在葫蘆上，以加強化病的力量。

坎（北方）：為流年三碧星飛臨。三碧為是非凶星，如今在水鄉，其凶性被加強，然其位更是今年太歲方，見動機便主大凶，嚴重可致官非，可置長明燈化解。

坤（西南方）：流年飛星四綠到宮。四綠為文昌，木星入土鄉其力被洩，應置水種觀音竹四支，或放文昌塔去加旺其吉性。

震（東方）：流年飛星五黃到。五黃為大凶星，今到木宮，煞氣稍減，今年五黃為陰土，宜用陽金去化解，其化煞力才顯，此方宜掛一大銅鑼，銅鑼面向屋外。

巽（東南方）：流年飛星六白到臨，但入木鄉，其力被剋出。可放銅製馬踏飛燕一隻，以增強事業及考試運。但如底盤見六白或七赤，則宜改放靜水，否則反見官刑。

中（中宮）：流年飛星七赤降臨。七赤為破軍凶星，主血光、口舌，桃花之事，在土宮凶性顯現，必需洩去七赤之凶性。可置靜水一瓶，內放一個白玉扣。

註：以上佈局雖然單以『玄』（時間）來論，但流年紫白飛星力量強大，尤以二黑及五黃為甚，必先化解為要。其他各宮，應先理解全盤飛星組合，再配合山向星內外巒頭，才能論定其吉凶及力量。其次再看流

年飛星及神煞加臨，再結合原運星、天心、元旦盤之五行生尅綜合判斷，方能準確知道如何「落藥」及準確計算其「份量」。生、旺、制、化，全賴物象之陰陽五行卦象、性質、顏色及數量互相配合運用。最後，擺放流年風水物象，以放置在陽基最盡處及中間高度為確。

後記

本著作從構思到完成，差不多花了四年時間，始終筆者是業餘風水研究者，只能於工作時間以外搜集資料及寫作，犧牲了很多家庭樂的時間，在此向太太及兒女說聲「抱歉」，當然，得到她們的鼓勵、支持及諒解，才能完成此書。還要多謝「必必」為我修飾文字。

在此，亦要感謝我曾跟隨的師父，得你們的賜教和啟發，才成就今天對玄空風水學的少少心得。玄空風水學還有很多未被發掘的訣竅，有些書籍雖有提及如「四大秘局」等學理，但皆未有明言箇中玄機，有些學理則從未被公開論及。玄空風水真是這麼簡單，催財去動旺向星，要健康去安旺山星，催官找六白星，文昌則起四綠星？可曾見過或聽聞過在旺山星方放大魚缸去催財，又或用土去尅制五黃方動土之凶，這實為活脫脫之玄空學。蔣大鴻曾說：「最難識得者是天心，然天心在我掌中，我欲如何天心便如何，此所謂人力勝天也。」在蔣公眼中，任何飛星盤都可以是旺山旺向，這就是玄空之真義。筆者往後還會繼續努力鑽研、實習，將研究所得與讀者分享。本書之出版，得各方人士協助，謹此一併申謝。

李泗達

心一堂當代術數文庫·堪輿類

心一堂術數古籍珍本叢刊 第一輯 書目

編號	書名	作者	說明
占筮類			
1	擲地金聲搜精秘訣	心一堂編	沈氏研易樓藏稀見易占秘鈔本
2	卜易拆字秘傳百日通	心一堂編	
3	易占陽宅六十四卦秘斷	心一堂編	火珠林占陽宅風水秘鈔本
星命類			
4	斗數宣微	【民國】王裁珊	民初最重要斗數著述之一；未刪改本
5	斗數觀測錄	【民國】王裁珊	失傳民初斗數重要著作
6	《地星會源》《斗數綱要》合刊	心一堂編	失傳的第三種飛星斗數
7	《斗數秘鈔》《紫微斗數之捷徑》合刊	心一堂編	珍稀「紫微斗數」舊鈔秘本
8	斗數演例	心一堂編	
9	紫微斗數全書（清初刻原本）	題【宋】陳希夷	斗數全書本來面目；有別於錯誤極多的坊本
10－12	鐵板神數（清刻足本）——附秘鈔密碼表	題【宋】邵雍	無錯漏原版 秘鈔密碼表 首次公開！
13－15	蠢子數纏度	題【宋】邵雍	蠢子數連密碼表 打破數百年秘傳 首次公開！
16－19	皇極數	題【宋】邵雍	清鈔孤本附起例及完整密碼表 研究神數必讀！
20－21	邵夫子先天神數	題【宋】邵雍	附手鈔密碼表 研究神數必讀！
22	八刻分經定數（密碼表）	題【宋】邵雍	皇極數另一版本；附手鈔密碼表
23	新命理探原	【民國】袁樹珊	子平命理必讀教科書！
24－25	袁氏命譜	【民國】袁樹珊	
26	韋氏命學講義	【民國】韋千里	民初二大命理家南袁北韋
27	千里命稿	【民國】韋千里	北韋之命理經典
28	精選命理約言	【民國】韋千里	
29	滴天髓闡微——附李雨田命理初學捷徑	【民國】袁樹珊、李雨田	命理經典未刪改足本
30	段氏白話命學綱要	【民國】段方	民初命理經典最淺白易懂
31	命理用神精華	【民國】王心田	學命理者之寶鏡

編號	書名	作者	說明
32	命學探驪集	【民國】張巢雲	稀見民初子平命理著作 發前人所未發
33	澹園命談	【民國】高澹園	
34	算命一讀通——鴻福齊天	【民國】不空居士、覺先居士合纂	
35	子平玄理	【民國】施惕君	
36	星命風水秘傳百日通	心一堂編	
37	命理大四字金前定	題【晉】鬼谷子王詡	源自元代算命術
38	命理斷語義理源深	心一堂編	稀見清代批命斷語及活套
39－40	文武星案	【明】陸位	失傳四百年《張果星宗》姊妹篇 千多星盤命例 研究命學必備
相術類			
41	新相人學講義	【民國】楊叔和	失傳民初白話文相術書
42	手相學淺說	【民國】黃龍	民初中西結合手相學經典
43	大清相法	心一堂編	重現失傳經典相書
44	相法易知	心一堂編	
45	相法秘傳百日通	心一堂編	
堪輿類			
46	靈城精義箋	【清】沈竹礽	沈氏玄空遺珍 玄空風水必讀
47	地理辨正抉要	【清】沈竹礽	
48	《玄空古義四種通釋》《地理疑義答問》合刊	沈瓞民	
49	《沈氏玄空吹虀室雜存》《玄空捷訣》合刊	【民國】申聽禪	
50	漢鏡齋堪輿小識	【民國】查國珍、沈瓞民	
51	堪輿一覽	【清】孫竹田	失傳已久的無常派玄空經典
52	章仲山挨星秘訣（修定版）	【清】章仲山	章仲山無常派玄空珍秘 門內秘本首次公開 沈竹礽等大師尋覓一生未得之珍本！
53	臨穴指南	【清】章仲山	
54	章仲山宅案附無常派玄空秘要	心一堂編	
55	地理辨正補	【清】朱小鶴	玄空六派蘇州派代表作
56	陽宅覺元氏新書	【清】元祝垚	簡易・有效・神驗之玄空陽宅法
57	地學鐵骨秘 附 吳師青藏命理大易數	【民國】吳師青	釋玄空廣東派地學之秘
58－61	四秘全書十二種（清刻原本）	【清】尹一勺	玄空湘楚派經典本來面目 有別於錯誤極多的坊本

62	地理辨正補註　附 元空秘旨　天元五歌　玄空精髓　心法秘訣等數種合刊	【民國】胡仲言	貫通易理、巒頭、三元、三合、天星、中醫
63	地理辨正自解	【清】李思白	公開玄空家「分率尺、工部尺、量天尺」之秘
64	許氏地理辨正釋義	【民國】許錦灝	民國易學名家黃元炳力薦
65	地理辨正天玉經內傳要訣圖解	【清】程懷榮	秘訣一語道破，圖文并茂
66	謝氏地理書	【民國】謝復	玄空體用兼備、深入淺出
67	論山水元運易理斷驗、三元氣運說附紫白訣等五種合刊	【宋】吳景鸞等	失傳古本《玄空秘旨》《紫白訣》
68	星卦奧義圖訣	【清】施安仁	
69	三元地學秘傳	【清】何文源	三元玄空門內秘笈　清鈔孤本 過去均為必須守秘不能公開秘密 與今天流行飛星法不同
70	三元玄空挨星四十八局圖說	心一堂編	
71	三元挨星秘訣仙傳	心一堂編	
72	三元地理正傳	心一堂編	
73	三元天心正運	心一堂編	
74	元空紫白陽宅秘旨	心一堂編	
75	玄空挨星秘圖　附 堪輿指迷	心一堂編	
76	姚氏地理辨正圖說　附 地理九星并挨星真訣全圖　秘傳河圖精義等數種合刊	【清】姚文田等	蓮池心法　玄空六法 門內秘鈔本首次公開
77	元空法鑑批點本——附 法鑑口授訣要、秘傳玄空三鑑奧義匯鈔　合刊	【清】曾懷玉等	
78	元空法鑑心法	【清】曾懷玉等	
79	蔣徒傳天玉經補註	【清】項木林、曾懷玉	
80	地理學新義	【民國】俞仁宇撰	揭開連城派風水之秘
81	地理辨正揭隱（足本）　附連城派秘鈔口訣	【民國】王邀達	
82	趙連城傳地理秘訣附雪庵和尚字字金	【明】趙連城	
83	趙連城秘傳楊公地理真訣	【明】趙連城	
84	地理法門全書	仗溪子、芝罘子	巒頭風水，內容簡核、深入淺出
85	地理方外別傳	【清】熙齋上人	巒頭形勢、「望氣」「鑑神」
86	地理輯要	【清】余鵬	集地理經典之精要
87	地理秘珍	【清】錫九氏	巒頭、三合天星，圖文並茂
88	《羅經舉要》附《附三合天機秘訣》	【清】賈長吉	清鈔孤本羅經、三合訣法圖解
89－90	嚴陵張九儀增釋地理琢玉斧巒	【清】張九儀	清初三合風水名家張九儀經典清刻原本！

91	地學形勢摘要	心一堂編	形家秘鈔珍本
92	《平洋地理入門》《巒頭圖解》合刊	【清】盧崇台	平洋水法、形家秘本
93	《鑒水極玄經》《秘授水法》合刊	【唐】司馬頭陀、【清】鮑湘襟	千古之秘，不可妄傳匪人
94	平洋地理闡秘	心一堂編	雲間三元平洋形法秘鈔珍本
95	地經圖說	【清】余九皋	形勢理氣、精繪圖文
96	司馬頭陀地鉗	【唐】司馬頭陀	流傳極稀《地鉗》
97	欽天監地理醒世切要辨論	【清】欽天監	公開清代皇室御用風水真本
三式類			
98-99	大六壬尋源二種	【清】張純照	六壬入門、占課指南
100	六壬教科六壬鑰	【民國】蔣問天	由淺入深，首尾悉備
101	壬課總訣	心一堂編	過去術家不外傳的珍稀六壬術秘鈔本
102	六壬秘斷	心一堂編	
103	大六壬類闡	心一堂編	
104	六壬秘笈——韋千里占卜講義	【民國】韋千里	六壬入門必備
105	壬學述古	【民國】曹仁麟	依法占之，「無不神驗」
106	奇門揭要	心一堂編	集「法奇門」、「術奇門」精要
107	奇門行軍要略	【清】劉文瀾	條理清晰、簡明易用
108	奇門大宗直旨	劉毗	天下孤本 首次公開 虛白廬藏本《秘藏遁甲天機》
109	奇門三奇干支神應	馮繼明	
110	奇門仙機	題【漢】張子房	奇門不傳之秘 應驗如神
111	奇門心法秘纂	題【漢】韓信（淮陰侯）	
112	奇門廬中闡秘	題【三國】諸葛武侯註	
選擇類			
113-114	儀度六壬選日要訣	【清】張九儀	清初三合風水名家張九儀擇日秘傳
115	天元選擇辨正	【清】一園主人	釋蔣大鴻天元選擇法
其他類			
116	述卜筮星相學	【民國】袁樹珊	民初二大命理家南袁北韋
117-120	中國歷代卜人傳	【民國】袁樹珊	南袁之術數經典

心一堂術數古籍珍本叢刊　第二輯　書目

編號	書名	作者	說明
占筮類			
121	卜易指南(二種)	【清】張孝宜	民國經典，補《增刪卜易》之不足
122	未來先知秘術——文王神課	【民國】張了凡	內容淺白、言簡意賅、條理分明
星命類			
123	人的運氣	汪季高(雙桐館主)	五六十年香港報章專欄結集！
124	命理尋源	【民國】徐樂吾	民國三大子平命理家徐樂吾必讀經典！
125	訂正滴天髓徵義		
126	滴天髓補註 附 子平一得		
127	窮通寶鑑評註 附 增補月談賦 四書子平		
128	古今名人命鑑		
129-130	紫微斗數捷覽(明刊孤本)[原(彩)色本] 附 點校本 (上)(下)	馮一、心一堂術數古籍整理編校小組 整理	明刊孤本 首次公開！
131	命學金聲	【民國】黃雲樵	民國名人八字、六壬奇門推命
132	命數叢譚	【民國】張雲溪	子平斗數共通、百多民國名人命例
133	定命錄	【民國】張一蟠	民國名人八十三命例詳細生平
134	《子平命術要訣》《知命篇》合刊	【民國】鄒文耀、【民國】胡仲言撰	《子平命術要訣》科學命理；《知命篇》易理皇極、命理地理、奇門六壬互通
135	科學方式命理學	閻德潤博士	匯通八字、中醫、科學原理！
136	八字提要	韋千里	民國三大子平命理家韋千里必讀經典！
137	子平實驗錄	【民國】孟耐園	作者四十多年經驗 占卜奇靈 名震全國！
138	民國偉人星命錄	【民國】囂囂子	幾乎包括所民初總統及國務總理八字！
139	千里命鈔	韋千里	失傳民初三大命理家-韋千里 代表作
140	斗數命理新篇	張開卷	現代流行的「紫微斗數」內容及形式上深受本書影響
141	哲理電氣命數學——子平部	【民國】彭仕勛	命局按三等九級格局、不同術數互通借用
142	《人鑑——命理存驗·命理擷要》(原版足本)附《林庚白家傳》	【民國】林庚白	傳統子平學修正及革新、大量名人名例
143	《命學苑苑刊——新命》(第一集)附《名造評案》《名造類編》等	【民國】林庚白、張一蟠等撰	史上首個以「唯物史觀」來革新子平命學結集
相術類			
144	中西相人採原	【民國】袁樹珊	按人生百歲，所行部位，分類詳載
145	新相術	【美國】字拉克福原著、【民國】沈有乾編譯	通過觀察人的面相身形、色澤舉止等，得知性情、能力、習慣、優缺點等
146	骨相學	【民國】風萍生編著	結合醫學中生理及心理學，影響近代西、日、中相術深遠
147	人心觀破術 附運命與天稟	【日本】管原如庵、加藤孤雁原著，【民國】唐真如譯	觀破人心、運命與天稟的奧妙

編號	書名	作者	簡介
148	《人相學之新研究》《看相偶述》合刊	盧毅安	集中外大成，無不奇驗；影響近代香港相術名著
149	冰鑑集	【民國】碧湖鷗客	各家相法精華、相術捷徑、圖文並茂附名人照片
150	《現代人相百面觀》《相人新法》合刊	【民國】吳道子輯	失傳民初相學經典二種 重現人間！
151	性相論	【民國】余晉龢	民初北平公安局專論相學與犯罪專著（犯罪學生物學派）
152	《相法講義》《相理秘旨》合刊	韋千里、孟瘦梅	命理學大家韋千里經典、傳統相術秘籍精華
153	《掌形哲學》附《世界名人掌形》《小傳》	【民國】余萍客	圖文并茂、附歐美名人掌形圖及生平簡介
154	觀察術	【民國】吳貴長	可補充傳統相術之不足
堪輿類			
155	羅經消納正宗	【明】沈昇撰、【明】史自成、丁孟章合纂	失傳四庫存目珍稀風水古籍
156	風水正原	【清】余天藻	●積德為求地之本，形家必讀！●純宗形家，與清代欽天監地理風水主張大致相同
157	安溪地話（風水正原二集）		
158	《蔣子挨星圖》附《玉鑰匙》	傳【清】蔣大鴻等	窺知無常派章仲山一脈真傳奧秘
159	樓宇寶鑑	吳師青	陽宅風水必讀、現代城市樓宇風水看法改革
160	《香港山脈形勢論》《如何應用日景羅經》合刊		香港風水山脈形勢專著
161	三元真諦稿本──讀地理辨正指南	【民國】王元極	被譽為蔣大鴻、章仲山後第一人 內容直接了當，盡揭三元玄空家之秘
162	三元陽宅萃篇		
163	王元極增批地理冰海 附批點原本地理冰海	【清】高守中 【民國】王元極	
164	地理辦正發微	【清】唐南雅	極之清楚明白，披肝露膽
165-167	增廣沈氏玄空學 附 仲山宅斷秘繪稿本三種、自得齋地理叢說稿鈔本（上）（中）（下）	【清】沈竹礽	玄空必讀經典！附《仲山宅斷》幾種鈔本及批點本，畫龍點晴、披肝露膽，道中刊印本未點破的秘訣
168-169	巒頭指迷（上）（下）	【清】尹貞夫原著、【民國】何廷珊增訂、批注	圖文并茂：龍、砂、穴、水、星辰九十九變
170-171	三元地理真傳（兩種）（上）（下）		洩漏天機：蔣大鴻、賴布衣挨星秘訣及用法
172	三元宅墓圖 附 家傳秘冊	【清】趙文鳴	蔣大鴻嫡派真傳張仲馨一脈二十種家傳秘本、宅墓案例三十八圖，並附天星擇日
173	宅運撮要	【民國】尤惜陰（演本法師）、榮柏雲	撮三集《宅運新案》之精要
174	章仲山秘傳玄空斷驗筆記 附 章仲山斷宅圖註	【清】章仲山傳、【清】唐鷺亭纂	無常派玄空不外傳秘中秘！二宅實例有斷驗及改造內容
175	汪氏地理辨正發微 附 地理辨正真本	【清】蔣大鴻、姜垚原著、【清】汪云吾發微	蔣大鴻嫡派張仲馨一脈三元理、法、訣具體泄露
176	蔣大鴻家傳歸厚錄汪氏圖解	【清】蔣大鴻、【清】汪云吾圖解	
177	蔣大鴻嫡傳三元地理秘書十一種批注	【清】蔣大鴻原著、【清】汪云吾、【清】劉樂山註	三百年來最佳《地理辦正》註解！石破天驚！

178	《星氣(卦)通義(蔣大鴻秘本四十八局圖并打劫法)》《天驚秘訣》合刊	題【清】蔣大鴻 著	江西興國真傳三元風水秘本
179	蔣大鴻嫡傳天心相宅秘訣全圖附陽宅指南等秘書五種	【清】蔣大鴻編訂、【清】汪云吾、劉樂山註	蔣大鴻徒張仲馨秘傳陽宅風水「教科書」！
180	家傳三元地理秘書十三種		真天宮之秘 千金不易之寶
181	章仲山門內秘傳《堪輿奇書》附《天心正運》	【清】章仲山傳、【清】華湛恩	直洩無常派章仲山玄空風水不傳之秘
182	《挨星金口訣》、《王元極增批補圖七十二葬法訂本》合刊	[民國]王元極	秘中秘——玄空挨星真訣公開！字字千金！
183-184	《家傳三元古今名墓圖集附謝氏水鉗》《蔣氏三元名墓圖集》合刊(上)(下)	(清)孫景堂，劉樂山，張稼夫	蔣大鴻嫡傳風水宅案、幕講師、蔣大鴻、姜垚等名家多個實例，破禁公開！
185-186	《山洋指迷》足本兩種 附《尋龍歌》(上)(下)	【明】周景一	風水巒頭形家必讀《山洋指迷》足本！
187-196	蔣大鴻嫡傳水龍經注解 附 虛白廬藏珍本水龍經四種(1-10)	【清】蔣大鴻編訂、【清】楊臥雲、汪云吾、劉樂山註	蔣大鴻嫡傳一脈授徒秘笈 希世之寶 千年以來，師師相授之秘旨，破禁公開！完整了解蔣氏嫡派真傳一脈三元理、法、訣！附已知最古《水龍經》鈔本等五種稀見《水龍經》
197	批注地理辨正直解	【清】章仲山	無常派玄空必讀經典未刪改本！
198	《天元五歌闡義》附《元空秘旨》(清刻原本)		
199	心眼指要(清刻原本)		
200	華氏天心正運	【清】華湛恩	
201-202	批注地理辨正再辨直解合編(上)(下)	【清】蔣大鴻原著、【清】姚銘三再註、【清】章仲山直解	失傳姚銘三玄空經典重現人間！名家：沈竹礽、王元極推薦！
203	章仲山注《玄機賦》《元空秘旨》附《口訣中秘訣》《因象求義》等九種合刊	【清】章仲山	近三百年來首次公開！章仲山無常派玄空秘密，和盤托出！章仲山注《玄機賦》及章仲山原傳之口訣及筆記
204	章仲山門內真傳《三元九運挨星篇》《運用篇》《挨星定局篇》《口訣篇》等合刊	【清】章仲山、柯遠峰等	
205	章仲山門內真傳《大玄空秘圖訣》《天驚訣》《飛星要訣》《九星斷略》《得益錄》等合刊	【清】章仲山、冬園子等	
206	撼龍經真義	吳師青註	近代香港名家吳師青必讀經典
207	章仲山嫡傳《翻卦挨星圖》《秘鈔元空秘旨》 附《秘鈔天元五歌闡義》	【清】章仲山傳、【清】王介如輯撰	透露章仲山家傳玄空嫡傳學習次弟及關鍵不傳之秘
208	章仲山嫡傳秘鈔《秘圖》《節錄心眼指要》合刊		
209	《談氏三元地理大玄空實驗》附《談養吾秘稿奇門占驗》	【民國】談養吾撰	史上首次公開「無常派」下卦起星等挨星秘密之書
210	《談氏三元地理濟世淺言》附《打開一條生路》		了解談氏入世的易學卦德爻象思想
211-215	《地理辨正集註》附 《六法金鎖秘》《巒頭指迷真詮》《作法雜綴》等(1-5)	【清】尋緣居士	集《地理辨正》一百零八家註解大成精華 匯巒頭及蔣氏、六法、無常、湘楚等秘本 史上最大篇幅的《地理辨正》註解
216	三元大玄空地理二宅實驗(足本修正版)	【民國】尤惜陰(演本法師)、榮柏雲撰	三元玄空無常派必讀經典足本修正版

編號	書名	作者	簡介
217	蔣徒呂相烈傳《幕講度針》附《元空秘斷》《陰陽法竅》《挨星作用》	【清】呂相烈	蔣大鴻門人呂相烈三元秘本三百年來首次破禁公開！
218	挨星撮要(蔣徒呂相烈傳)		
219-221	《沈氏玄空挨星圖》《沈註章仲山宅斷未定稿》《沈氏玄空學(四卷原本)》合刊(上中下)	【清】沈竹礽 等	揭開沈氏玄空挨星五行吉凶斷的變化及不同用法 章仲山宅斷未刪本、沈氏玄空學原本佚文、玄空挨星圖稿鈔本 大公開！
222	地理穿透真傳(虛白廬藏清初刻原本)	【清】張九儀	三合天星家宗師張九儀畢生地學精華結集
223-224	地理元合會通二種(上)(下)	【清】姚炳奎	分發兩家(三元、三合)之秘，會通其用詳解注羅盤(蔣盤、賴盤)；義理、斷驗俱精
其他類			
225	天運占星學 附 商業周期、股市粹言	吳師青	天星預測股市，神準經典
226	易元會運	馬翰如	《皇極經世》配卦以推演世運與國運
三式類			
227	大六壬指南(清初木刻五卷足本)		六壬學占驗課案必讀經典海內善本
228-229	甲遁真授秘集(批注本)(上)(下)	【清】薛鳳祚	明清皇家欽天監秘傳奇門遁甲 奇門、易經、皇極經世結合經典
230	奇門詮正	【民國】曹仁麟	簡易、明白、實用，無師自通！
231	大六壬探源	【民國】袁樹珊	民初三大命理家袁樹珊研究六壬四十餘年代表作
232	遁甲釋要	【民國】徐昂	推衍遁甲、易學、洛書九宮大義！
233	《六壬卦課》《河洛數釋》《演玄》合刊		疏理六壬、河洛數、太玄隱義！
234	六壬指南(【民國】黃企喬)	【民國】黃企喬	失傳經典 大量實例
選擇類			
235	王元極校補天元選擇辨正	原【清】謝少暉輯、【民國】王元極校補	三元地理天星選日必讀
236	王元極選擇辨真全書 附 秘鈔風水選擇訣	【民國】王元極	王元極天昌館選擇之要旨
237	蔣大鴻嫡傳天星選擇秘書注解三種	【清】蔣大鴻編訂、【清】楊臥雲、汪云吾、劉樂山註	蔣大鴻陰陽二宅天星擇日日課案例！
238	增補選吉探源	【民國】袁樹珊	按表檢查，按圖索驥：簡易、實用！
239	《八風考略》《九宮撰略》《九宮考辨》合刊	沈瓞民	會通沈氏玄空飛星立極、配卦深義
其他類			
240	《中國原子哲學》附《易世》《易命》	馬翰如	國運、世運的推演及預言

心一堂術數古籍整理叢刊

全本校註增刪卜易	【清】野鶴老人	李凡丁（鼎升）校註
紫微斗數捷覽（明刊孤本）附點校本	傳【宋】陳希夷	馮一、心一堂術數古籍整理小組點校
紫微斗數全書古訣辨正	傳【宋】陳希夷	潘國森辨正
應天歌（修訂版）附格物至言	【宋】郭程撰　傳	莊圓整理
壬竅	【清】無無野人小蘇郎逸	劉浩君校訂
奇門祕覈（臺藏本）	【元】佚名	李鏘濤、鄭同校訂
臨穴指南選註	【清】章仲山　原著	梁國誠選註
皇極經世真詮—國運與世運	【宋】邵雍　原著	李光浦

心一堂當代術數文庫

書名	作者
增刪卜易之六爻古今分析	愚人
命理學教材（第一級）	段子昱
命理學教材 之 五行論命口訣	段子昱
斗數詳批蔣介石	潘國森
潘國森斗數教程（一）：入門篇	潘國森
紫微斗數登堂心得：三星秘訣篇——潘國森斗數教程（二）	潘國森
紫微斗數不再玄	犂民
玄空風水心得（增訂版）（附流年催旺化煞秘訣）	李泗達
玄空風水心得（二）——沈氏玄空學研究心得（修訂版）附流年飛星佈局	李泗達
廖氏家傳玄命風水學（一）——基礎篇及玄關地命篇	廖民生
廖氏家傳玄命風水學（二）——玄空斗秘篇	廖民生
廖氏家傳玄命風水學（三）——楊公鎮山訣篇 附 斷驗及調風水	廖民生
廖氏家傳玄命風水學（四）——秘訣篇：些子訣、兩元挨星、擇吉等	廖民生
《象數易—六爻透視：入門及推斷》修訂版	愚人
《象數易—六爻透視 財股兩望》	愚人
《象數易—六爻透視：病在何方》	愚人
《象數易—六爻透視：自身揭秘》	愚人
命卜隨筆	林子傑

心一堂 易學經典文庫　已出版及即將出版書目

書名	作者
宋本焦氏易林（上）（下）	【漢】焦贛
周易易解（原版）（上）（下）	【清】沈竹礽
《周易示兒錄》附《周易說餘》	【清】沈竹礽
三易新論（上）（中）（下）	沈瓞民
《周易孟氏學》《周易孟氏學遺補》《孟氏易傳授考》	沈瓞民
京氏易八卷（清《木犀軒叢書》刊本）	【漢】京房
京氏易傳古本五種	【漢】京房
京氏易傳箋註	【民國】徐昂
推易始末	【清】毛奇齡
刪訂來氏象數圖說	【清】張恩霨
周易卦變解八宮說	【清】吳灌先
易觸	【清】賀子翼
易義淺述	何遯翁